|光明社科文库|

基于实践原则的
思想政治教育创新研究

郑　懿◎著

光明日报出版社

图书在版编目（CIP）数据

基于实践原则的思想政治教育创新研究 / 郑懿著
. -- 北京：光明日报出版社，2020.5（2022.4 重印）
ISBN 978 - 7 - 5194 - 5739 - 6

Ⅰ.①基… Ⅱ.①郑… Ⅲ.①高等学校—思想政治教
育—研究—中国 Ⅳ.①G641

中国版本图书馆 CIP 数据核字（2020）第 077048 号

基于实践原则的思想政治教育创新研究
JIYU SHIJIAN YUANZE DE SIXIANG ZHENGZHI JIAOYU
CHUANGXIN YANJIU

著　　者：郑　懿

责任编辑：史　宁　　　　　　　　责任校对：刘浩平
封面设计：中联学林　　　　　　　责任印制：曹　净

出版发行：光明日报出版社
地　　址：北京市西城区永安路 106 号，100050
电　　话：010-63139890（咨询），010-63131930（邮购）
传　　真：010 - 63131930
网　　址：http://book.gmw.cn
E - mail：gmrbcbs@gmw.cn
法律顾问：北京市兰台律师事务所龚柳方律师

印　　刷：三河市华东印刷有限公司
装　　订：三河市华东印刷有限公司
本书如有破损、缺页、装订错误，请与本社联系调换，电话：010-63131930

开　　本：170mm×240mm
字　　数：143 千字　　　　　　　印　　张：12.5
版　　次：2020 年 5 月第 1 版　　印　　次：2022 年 4 月第 2 次印刷
书　　号：ISBN 978 - 7 - 5194 - 5739 - 6
定　　价：78.00 元

序

　　意识形态工作是党的一项极端重要的工作。维护意识形态安全需要不断加强和改进思想政治教育。加强和改进思想政治教育需要全面坚持马克思主义的立场观点方法，尤其是历史唯物主义的实践本体论原则。以此为基础，才能更好地认识和理解思想政治教育自身，形成科学的教育观念，探索有效的教育方法。

　　历史唯物主义从人的"感性—对象性活动"即实践的角度认识和理解事物，是扬弃了以思维为原则的近代哲学和以感性直观为原则的"费尔巴哈唯物主义"之后的新的世界观。历史唯物主义本体论，以实践为原则——人的感性对象性活动是存在者存在的依据也是不存在者不存在的依据。实践原则在思想政治教育中可以具体化为五个具体原则：一致性原则、主体性原则、相关性原则、对象性原则和发展性原则。

　　思想政治教育活动是一种人改造自身思想意识的实践。其本质是无产阶级意识形态的生成活动，是以社会主义思想意识为内容的精神生产再生产活动，是无产阶级和广大人民群众的思想解放活动。无产阶级的思想政治教育根本目的在于将无产阶级和人民群众从以私有观念为核心的剥削阶级的意识形态中解放出来，培育和塑造出共产主义思想意识。

生产性、政治性、斗争性是思想政治教育的基本特征。思想政治教育的基本矛盾是人思想的改造与被改造之间的矛盾，反映的是马克思主义的思想意识与非马克思主义思想意识之间的斗争。

党的思想政治教育工作是思想政治教育的主要实现形式和渠道，但非唯一形式或渠道。思想政治教育工作当中的有效劳动部分构成了思想政治教育活动。思想政治教育工作中的主体和对象是法学意义上的责任主体和对象。思想政治教育活动的主体和对象是哲学意义上的实质主体和对象。在混淆的情况下，或者不加区分的情况下，讨论思想政治教育主体和对象问题是容易导致误解的。

思想政治教育在对实践原则的坚持方面，党有着高度的历史自觉，亦走过弯路。新形势下，思想政治教育应紧紧围绕人的精神解放这一主题，以生产和维护社会主义思想意识为核心，以促进人的精神世界的丰富和健康为根本任务，以引领时代精神发展为努力方向。坚持实践的辩证法，由还原路径转轨至实践生成路径，扬弃曾经的运动模式及当前的教学模式，打造出新时代思想政治教育的社会整体模式。

总结党的教育工作几十年来的实际经验，系统化、科学化已有认识成果，深入批判某些概念范畴，在理论思考中真正坚持马克思主义的立场观点方法，推进马克思主义理论学科建设，新时代的思想政治教育任重而道远。

目 录
CONTENTS

绪 论 ·· 1

一、问题的提出 ··· 1

（一）维护意识形态安全需要加强和改进思想政治教育 ······ 1

（二）加强和改进思想政治教育需要科学理解实践原则 ······ 3

二、文献综述 ·· 5

（一）关于思想政治教育理论基础的研究 ··············· 5

（二）关于思想政治教育概念的研究 ·················· 6

（三）关于思想政治教育本质的研究 ·················· 7

（四）关于思想政治教育主体客体的研究 ··············· 8

（五）关于思想政治教育基本矛盾的研究 ·············· 11

三、研究思路、内容、方法及创新之处 ··············· 12

（一）研究思路与主要内容 ························· 12

（二）研究方法与创新之处 ························· 14

第一章 历史唯物主义的实践原则 ···················· 16

一、实践原则的确立 ································· 16

（一）实践概念解析 ……………………………………… 17

（二）实践原则对感性直观原则的扬弃 ……………… 22

（三）实践原则对思维原则的扬弃 …………………… 24

二、历史唯物主义实践原则的要义 ……………………… 26

（一）人的实践活动是事物存在的依据 ……………… 26

（二）意识是被意识到了的存在 ……………………… 29

（三）实践活动是人自由与解放的基础 ……………… 32

三、实践原则与深化思想政治教育认识 ………………… 35

（一）何以产生：无产阶级革命斗争的现实需要 …… 36

（二）本质为何：以社会主义为内容的精神生产、再生产 … 40

（三）价值何在：促进人的思想解放和全面发展 …… 43

四、思想政治教育实践本体论原则的内容 ……………… 46

（一）一致性原则：思想政治教育旨在谋求党的内外一心 … 46

（二）主体性原则：教育主体有责任主体和实质主体之分 … 51

（三）相关性原则：主体及对象内在相关是以知促行的前提 … 55

（四）对象性原则：改造对象意味着思想政治教育的实现 … 58

（五）发展性原则：教育必须坚持不断自我扬弃和自我完善 …… 60

第二章　基于实践原则的思想政治教育三维解析 ……… 64

一、基于实践原则的思想政治教育本体论解析 ………… 64

（一）思想政治教育本质：无产阶级意识形态的生成活动 … 65

（二）思想政治教育的基本特征：生产性、政治性、斗争性 … 68

（三）思想政治教育的现实性：教育依赖环境又塑造环境 … 73

二、基于实践原则的思想政治教育认识论解析 ………… 77

（一）政治立场受制于现实政治生活 ………………… 78

（二）道德观念决定于现实伦理生活 ················· 80

（三）学习修养是教育基本的认识方式 ············· 83

（四）知行合一是一个教育环节的完成 ············· 87

三、基于实践原则的思想政治教育方法论解析 ········· 90

（一）提出以人为本，增强教育全面性 ············· 91

（二）注重个性培养，增强教育针对性 ············· 93

（三）注重情理交融，增强教育感召力 ············· 95

（四）注重技术融合，增强教育时代性 ············· 97

第三章　基于实践原则的我党思想政治教育历史考察 ······· 101

一、新民主主义革命时期的思想政治教育 ············· 102

（一）党成立时期的思想政治教育 ················· 102

（二）土地革命战争时期的思想政治教育 ··········· 107

（三）抗日战争时期的思想政治教育 ··············· 111

（四）解放战争时期的思想政治教育 ··············· 116

二、新中国成立和社会主义制度确立时期的思想政治教育 ······· 120

三、改革开放和社会主义现代化建设新时期的思想政治教育 ······ 124

（一）改革开放初期的思想政治教育 ··············· 124

（二）改革开放深入发展时期的思想政治教育 ······· 126

第四章　基于实践原则的思想政治教育现实审视 ········· 129

一、思想政治教育存在的主要问题 ··················· 129

（一）思想政治教育的庸俗化倾向 ················· 130

（二）思想政治教育的抽象化倾向 ················· 132

（三）思想政治教育的外在化倾向 ················· 134

（四）思想政治教育的形式化倾向 ……………………… 136

二、思想政治教育发展的新动向 …………………………… 138

（一）完成学科分类调整，对接马克思主义理论 ………… 138

（二）探索科学理念方法，把握对象现实存在 …………… 140

（三）抵制腐朽思想侵蚀，坚定捍卫理想信念 …………… 142

（四）继承道不离器传统，稳步推进视域融合 …………… 145

第五章　基于实践原则的新思想政治教育观 ……………… 147

一、新理念：思想政治教育应紧紧围绕精神解放这个主题 … 147

（一）思想政治教育应以生产和再生产社会主义思想为核心 … 148

（二）思想政治教育应以丰富发展人民精神世界为根本任务 … 150

（三）思想政治教育应以引领时代精神为发展方向 ……… 152

二、新模式：思想政治教育应走向"社会整体"模式 ……… 155

（一）促进还原路径生成化，革新思想政治教育工作思路 … 155

（二）促进责任主体实质化，增进思想政治教育主体效能 … 158

（三）促进方法与内容统一，科学改进思想政治教育方法 … 160

三、新方法：思想政治教育应坚持实践辩证法 …………… 163

（一）思想政治教育应坚持从人的现实存在出发 ………… 163

（二）思想政治教育应围绕人们的思想改造开展 ………… 165

（三）思想政治教育应讲真话办实事更加接地气 ………… 168

结　论 …………………………………………………… 172

参考文献 ………………………………………………… 175

绪　论

思想政治教育是什么、不是什么，这是思想政治教育具体工作和学术研究首先需要明确的问题。思想政治教育坚持以马克思主义为指导，就是要坚持用马克思主义的立场观点方法，认识问题、分析问题、解决问题，其中包括科学认识和理解思想政治教育自身及其发展。思想政治教育学一定意义上可以被看作思想政治教育的自我意识。考察思想政治教育是什么，需要进一步考察历史唯物主义是根据什么来确定"是或不是"的。可见，关于思想政治教育的历史唯物主义本体论层面的思考是思想政治教育学展开具体研究的基础和前提。基于实践原则的思想政治教育创新研究，主要以历史唯物主义实践本体论原则为基础，追问思想政治教育是什么、不是什么以及这样界定的根据。

一、问题的提出

（一）维护意识形态安全需要加强和改进思想政治教育

当前，经济建设是党的中心工作，意识形态工作是党的一项极端重要的工作。① 党对意识形态工作的地位和作用认识进一步深化，将其上升至极端重要的地位。意识形态工作之所以极端重要，是因为新时期意识形态领域的斗争日益激烈，意识形态工作的严峻性、复杂性、斗争性日益凸显。意识形态事关国家安全、党的性质、社会安定、人民的福祉，影响着中国特色社会主义建设事业的前进方向和民族命运的走向。"意识形态的一致，是党的力量和政治能力的一个组成部分。"② 苏东剧变以来，一次又一次颜色革命，一个又一个国家政权被颠覆，事实已经无可辩驳地昭示摧毁一个政权、搞垮一个国家可以不动一枪一炮，搅乱群众思想、泯灭执政党信念、动摇国家意志，蚁食掉执政根基，足矣。"一个政权的瓦解往往是从思想领域开始的"③，来自意识形态领域的威胁已经成为国家安全威胁的重要方面。兹事体大，不可不查。维护社会主义意识形态安全，思想政治教育责无旁贷。

党领导全国人民正在为实现中华民族伟大复兴的中国梦而努力奋斗。意识形态安全是民族复兴的保证，而创造世界一流综合政治实力和民族精神高度是民族复兴的重要标尺。在民族复兴的大背景下，为世界提供别于资本主义的、以社会主义为根本性质的、更高层次的精神文明和政治文明意义更加深远。我们有责任用本民族文化中独特的思想和语言总结得失提升理论，阐明思想表达情感，使之与中国特色社会主义发展进程高度契合，"完成中国的精神重构，创造出一种足以掌握并协调日益巨大物质力量并使之获得自由表现的精神形态。"④ 为此，"从孔

---

① 习近平. 在全国宣传思想工作会议上的讲话［N］. 人民日报，2013 - 8 - 21（1）.
② 葛兰西. 党的意识形态. 葛兰西文选［G］. 李鹏程主编. 北京：人民出版社，2008：89.
③ 陈学明，黄力之，吴新文. 中国为什么还需要马克思主义［M］. 天津：天津出版传媒集团，2013：194.
④ 吴晓明. 复兴取决于精神 - 文化的开拓性建设［N］. 社会科学报，2014 - 7 - 3（06）.

夫子到孙中山，我们应当给以总结，继承这一份珍贵的遗产。"① 只有凝练中华民族所独有的表达，讲好中国故事，弘扬中国精神，坚定中国道路，才能在世界文化激荡的大潮中避免被同质化，为我们自己的话语领地划出清晰边界。

当代中国人的物质生活普遍富足，而思想之懈怠、信仰之匮乏、精神之贫瘠、价值之混乱的现象并非个例。这其中一般群众有之，党员领导干部亦有之。身体已经跑远，灵魂落在后面。为此，有着优良传统和辉煌历史的思想政治教育不能坐视不理，听之任之。既不能固步自封囿于成功经验而不敢有所突破，也不能避重就轻过于在丰富形式上做文章，真正要做的是紧跟时代的步伐，深入了解群众所思所想，从应有的高度把握社会政治文化发展脉搏，提炼出时代精神的精华部分，凝聚人心，汇聚力量，在广泛而生动的社会实践中展现思想政治教育的现实力量，也为自身谋求真正意义上的发展打下更为坚实且科学的基础。

（二）加强和改进思想政治教育需要科学理解实践原则

近些年思想政治教育中存在着看上去很矛盾的现象：意义重大与内容枯燥的矛盾；形式多样与生机缺乏的矛盾；目标明确与效果一般的矛盾。这些矛盾现象，被归结为思想政治教育的时代性和感召力不强等现实问题，并被业内学者思考，也有相应对策提出。然而，学术研究显然不能满足于"因为不强，所以要加强"的逻辑设计理想的方案。"因为不强，所以要加强"本质上是同义反复，理论研究需要追问不强的根源，以及变得更强需要哪些条件即对策以及对策的现实性、必然性。且许多问题的根本不在方法，而在于思想政治教育以及我们对思想政治教育的认识和理解。因此，应坚持历史唯物主义的宏观视野，将思想政治

---

① 毛泽东文集：第 2 卷［M］．北京：人民出版社，1991：533 - 534.

教育置于社会政治经济发展与人的社会主义思想意识生成之间的关系中加以考察。研究诸如感召性不强等现象和问题是怎样从思想政治教育发展过程中历史地产生出来的。

加强和改进思想政治教育是巩固马克思主义在意识形态领域的指导地位，是巩固全党全国人民团结奋斗的共同思想基础最长远最基础的工作。思想政治教育欲完成党和时代赋予的崇高使命，在进行方法层面的改革和创新的同时，也应对思想政治教育的基础理论和基本问题展开深入挖掘科学探讨。当前思想政治教育中既需要转变范式、改进方法，又迫切需要在具体工作尤其是理论思考中彻底坚持历史唯物主义。关键问题是如何在历史唯物主义的理论基地里科学地理解和定义思想政治教育本身。也就是如何坚持历史唯物主义的立场、观点和方法，科学回答"思想政治教育是什么"。因为，关于"是什么"的世界观是关于"怎么办"的方法论的根据。

图久远者，莫如西归。"思想政治教育要做到守正创新"①，迫切的任务之一是清理理论遗产，正本清源，让历史唯物主义在思想政治教育中真正出场。因此，需要真正从历史唯物主义的精神实质出发对思想政治教育的概念、本质属性、基本矛盾、主体对象等基本问题展开追问和考察，进而对思想政治教育的产生、形成、发展所遵循的基本规律做出揭示和预见。尽自己所能的给已经发现的问题一个说法，这是理论工作者应有的学术敏感和学术责任。以上是展开本选题研究的初心。

---

① 代玉启. 新时期思想政治教育内容与方法面临的挑战与发展要求［J］. 思想教育研究，2015（12）：8.

二、文献综述

（一）关于思想政治教育理论基础的研究

　　马克思主义是思想政治教育的指导思想和主体内容。尽管思想政治教育可以有诸多学科的知识借鉴，但它必须真正植根于马克思主义。"以马克思主义指导思想政治教育，关键在于要在思想政治教育中坚持马克思主义立场、观点和方法。"① 并"在马克思主义实践存在论的基础上确立思想政治教育的学科定位"②。我们要保持历史唯物主义的宏观视野，从无产阶级的革命实践、社会主义政治文明建设、社会主义社会精神生产等多个层面和角度思考思想政治教育，努力"对思想政治教育存在论所涉及的基本问题进行创新性的探索"③。近几年，学者王秀阁、李月玲等从科学实践观的角度，探讨了思想政治教育的范式转换、本质、研究取向、价值实现原则等多个方面的问题④⑤。科学实践观的内涵被解读为四方面内容："实践是人和动物的异质点、个人与社会的契合点、主体与客体的分合点、现实性与超越性的关联点。"⑥

　　以马克思主义为理论基础，这是思想政治教育学界总体上的共识。

① 白显良.论在思想政治教育中坚持马克思主义立场、观点和方法［J］.思想教育研究，2014（02）：52.
② 黄政.以实践唯物主义夯实思想政治教育的理论基础［J］.重庆工学院学报（社会科学），2008（08）：159.
③ 沈壮海.构建新形态的《思想政治教育学原理》［J］.学校党建与思想教育，2010（9）：15.
④ 李坤，王秀阁.科学实践观何以可能——谈思想政治教育研究范式的转换［J］.思想教育研究，2012（2）：13－17.
⑤ 李月玲，王秀阁.科学实践观视域下思想政治教育本质论析［J］.学校党建与思想教育，2012（11）：13－16.
⑥ 李月玲.科学实践观范式下思想政治教育价值研究［M］.北京：人民出版社，2015：51－63.

其中科学实践观范式的提出代表着近期思想政治教育向历史唯物主义实践观点回归的最新尝试。

（二）关于思想政治教育概念的研究

理解和认识思想政治教育自身集中表现在对思想政治教育是什么的界定上。关于思想政治教育是什么，学者们总体上采用了"人的活动"这样一个比较统一的分析角度，但在结论上呈现出一定的差异性。

一、意识形态理论教育说。思想政治教育是"一定阶级或集团为了建立或巩固其政治统治而进行的符合本阶级或集团根本利益的，包括一定的政治、法律、哲学、道德、艺术和宗教思想的意识形态理论的教育"①。二、说服感化活动说。学者曹祖明、李建德等认为思想政治教育"是教育主体有意识地对所涉人员进行的政治意识形态的说服感化活动。"② 三、综合教育实践说。此观点将思想政治教育大体规定为"以政治思想教育为重点的，思想教育、道德教育和心理教育综合教育实践"③。四、政治实践说。学者金林南认为"思想政治教育是在思想领域展开的以教育为主要形式的政治实践"④。五、社会实践活动说。学者陆庆壬认为思想政治教育是"主体施于客体，以促使客体形成并发展社会主义、共产主义思想意识的社会实践活动"。而且"科学的思想政治教育则是中国共产党创立的"⑤。

比较权威的定义，"思想政治教育是指一定的阶级、政党、社会群

---

① 杨生平. 思想政治教育理论研究 [M]. 北京：首都师范大学出版社，1999：2.
② 曹祖明，李建德，吴照峰. 哲学视野下的思想政治教育 [M]. 西安：西北大学出版社，2012：4.
③ 陈秉公. 思想政治教育学基础理论研究 [M]. 长春：吉林大学出版社，2007：5.
④ 金林南. 思想政治教育学科范式的哲学沉思 [M]. 南京：江苏人民出版社，2013：152.
⑤ 陆庆壬. 人的发展和社会发展 [M]. 上海：同济大学出版社，1994：244.

体遵循人们思想品德形成发展规律，用一定的思想观念、政治观点、道德规范，对其成员施加有目的、有计划、有组织的影响，使他们形成符合一定社会、一定阶级所需要的思想品德的社会实践活动。"① 可以看出，学者们比较一致地认为思想政治教育是一种与政治、思想、道德、教育等相关的人的活动。

（三）关于思想政治教育本质的研究

第一种观点认为思想政治教育的本质是"主导意识形态的灌输和教化"。如：陈万柏、张耀灿主编的教材《思想政治教育学原理》认为"思想政治教育的本质是社会主导意识形态的灌输和教化"②。这是目前比较权威的认识。由于意识形态的灌输和教化普遍存在于人类社会进入阶级社会之后的所有社会形态之中，"广义"的思想政治教育泛指所有社会的政治教化。

第二种观点认为思想政治教育的本质是社会主义的政治实践。学者黄政持此看法。③ 也就是说思想政治教育是无产阶级的意识形态教育，有别于剥削阶级社会的意识形态工作。近似地，学者沈壮海认为"思想政治教育是一种特殊的教育活动，同时也是党的建设的重要任务与中国特色社会主义建设的重要领域"④。学者金林南明确表示："我们不认为在专制社会、封闭社会、等级特权社会中会有思想政治教育的存在，它们只是疑似思想政治教育的教化活动，在现代集权主义时代就是一种

---

① 张耀灿，郑永廷，吴潜涛．现代思想政治教育学［M］．北京：人民出版社，2006：50.
② 陈万柏，张耀灿，思想政治教育学原理［M］．北京：高等教育出版社，2015：53.
③ 黄政．以实践唯物主义夯实思想政治教育的理论基础［J］．重庆工学院学报（社会科学），2008，22（8）：160.
④ 沈壮海．构建新形态的《思想政治教育学原理》［J］．学校党建与思想教育，2010（9）：15.

意识形态领域的催眠和操控。"①

第三种观点从内容上分析思想政治教育的本质。如："简言之，就是社会有组织地定向地引导人们形成合乎特定社会和时代要求的思想政治观点的教育工程。"② 思想政治教育本质上是"教育主体对所涉人员关于权利与义务的教育"③。"思想政治教育的本质应该是政治信仰教育"④ 等。

第四种观点从人的存在方式的角度分析思想政治教育的本质。解释学的视野中思想政治教育本质上被认为是教育主体的存在方式，是教育主体不断地实现政治社会化的过程。⑤ 也有学者提出"思想政治教育本质就是一种改造人的思想政治品德的精神生产实践活动。"⑥

综上，关于思想政治教育本质的认识包括两种基本思路。一种是社会活动的特定形式的考察角度；一种是"权利和义务""政治信仰"等教育内容性的考察角度。只有将形式和内容统一起来，才能更加准确地得出关于思想政治教育本质的认识。

（四）关于思想政治教育主体客体的研究

研究思想政治教育是什么包含着对教育者和受教育者等教育活动中的"人"以及不同的"人"之间的相互关系的考察。主体客体这一对

---

① 金林南. 思想政治教育学科范式的哲学沉思［M］. 南京：江苏人民出版社，2013：94.
② 王礼湛. 思想政治教育学［M］. 杭州：浙江大学出版社，1989：69.
③ 曹祖明，李建德，吴照峰. 哲学视野下的思想政治教育［M］. 西安：西北大学出版社，2012：7.
④ 王孝如，王立仁，思想政治教育的本质是政治信仰教育［J］. 思想教育研究，2015（10）：13.
⑤ 张光陆. 解释学视域下的对话教学［M］. 北京：中国社会科学出版社，2012：21 –41.
⑥ 邓艳葵. 对思想政治教育本质的认识［N］. 光明日报，2010 –7 –14（11）.

范畴被引入思想政治教育，且得到了多数学者的认可。

一是经验型主体—客体论。在具体的教育过程中经验地按照"教育者和教育对象"考察思想政治教育活动中的主体客体及其关系。比如：学者邹学荣认为"狭义的思想政治教育的主体是指专门从事思想政治教育的人或组织。"① "思想政治教育的客体，实际上就是思想政治教育的对象。"② 学者王礼湛认为教育者是"教育活动的主体和组织者""教育对象在思想政治教育过程中既是客体又是主体，是客体和主体的统一体。"③ 学者邱伟光认为"凡是有目的地对受教育者施加影响的个人和团体都是教育者。"④ "思想政治教育的对象是整个社会成员，既包括受教育者，也包括教育者"且"青年是思想政治教育的主要对象。"⑤ 关于教育者和教育对象的关系，一般认为，教育者在教育过程中处于主导地位，教育对象参与教育过程，具有能动作用。

二是范畴型主体—客体论。复合型主体论认为"思想政治教育主体，是指在思想政治教育过程中具有主动教育功能的组织或个人"。而"受教育者，既是教育的客体，又是教育的主体。"⑥ 一种"双主体论"认为"教育者与受教育者，都是具有主体性的人，都是教育、教学的主体。"受教育者和教育者之间的关系是平等互动的关系。⑦ 还有一种双主体论把教育者和受教育者共同作为思想政治教育的主体。同时对客体的定义是"教育过程中的全部要素"，包括"人"的要素——"被当

---

① 邹学荣. 思想政治教育学［M］. 重庆：西南师范大学出版社，1992：130.
② 邹学荣. 思想政治教育学［M］. 重庆：西南师范大学出版社，1992：109.
③ 王礼湛. 思想政治教育学［M］. 杭州：浙江大学出版社，1989：205.
④ 邱伟光. 思想政治教育学概论［M］. 天津：天津人民出版社，1988：176.
⑤ 邱伟光. 思想政治教育学概论［M］. 天津：天津人民出版社，1988：140-146.
⑥ 陈秉公. 思想政治教育学［M］. 长春：吉林大学出版社，1992：351.
⑦ 张耀灿，郑永廷，吴潜涛. 现代思想政治教育学［M］. 北京：人民出版社，2006：268-271.

成行为对象的教育者和受教育者"和"物"的要素——"人之外的其他要素"。① 思想政治教育主体和客体的关系，被总结为对立统一关系。

三是主体间性论。有学者提出主体间性是"教育者和受教育者在交往实践过程中的相互影响"，本质上依然是主体性在主体间的延伸。② 有学者认为主体间性超越了主体—客体关系模式，进入了"主—主关系模式"，有助于加强思想政治教育中的对话、理解以及与生活世界的联系。③ 另有学者受人学理论的影响，对思想政治教育活动中的人不加区分，宣称"思想政治教育的主体是人，对象是人"。

四是"多层次性主体论"。如："思想政治教育主体有三个层次：政治主体、教育主体、接受主体"。也有个别学者试图恢复思想政治教育主客体研究的历史内容，指出"政党作为终极意义上的思想政治教育主体，乃是思想政治教育的基本逻辑。"④

直观地看，思想政治教育中的人主要由教育的组织者和参与者构成，双方是组织与参与的关系。组织者和参与者之间因为教与受教的性质，一般经验地被称作教育者和受教育者。关于思想政治教育活动中的人及其相互关系的思考，所谓主体客体、主体间性等范畴型的讨论并没有得出非常有价值的结论。有些讨论甚至回到的没有任何规定性的笼统的"人"当中去。

---

① 陈秉公.思想政治教育学原理 [M].沈阳：辽宁人民出版社，2001：111.
② 张耀灿，刘伟.思想政治教育主体间性含义初探 [J].学校党建与思想教育，2006（12）：8－10.
③ 杨芳.论主体间性理论在思想政治教育中的作用 [J].湖北社会科学，2008（2）：187－189.
④ 王俊拴.略论思想政治教育主体定位的基本逻辑 [J].江汉论坛，2008（4）：68－72.

（五）关于思想政治教育基本矛盾的研究

矛盾是推动事物发展的基础。目前，关于思想政治教育中有关矛盾问题的研究，截至目前大致可分为三种类型。

一是学科建立初期基于具体教育实施过程的矛盾分析。如："思想政治教育过程的基本矛盾，是教育者按照社会的要求提出的教育任务与受教育者现有的思想道德基础之间的矛盾。"①

二是关于思想政治教育基本矛盾的分析。学科教材《思想政治教育学原理》将思想政治教育的基本矛盾规定为"一定社会发展的要求同人们的实际的思想品德水准之间的矛盾。"② 此论断成为学科内相对权威的定论，并被不少学者深化和拓展。以此为基础，有学者提出"人的精神属性的社会性与相对独立性的矛盾引发思想政治教育的基本矛盾。"③

三是区分类型和层次讨论思想政治有关矛盾问题。有学者认为思想政治教育的基本矛盾包括两个不可分割的方面。一是认知性矛盾，体现在一定社会的思想品德要求与教育对象现有的思想品德水平的差距上。二是情感性矛盾，主要体现在一定社会的思想品德要求与教育对象需要的差距上④。有学者从思想政治教育和教育工作两个不同的层面分别考察了思想政治教育的主要矛盾。思想政治教育的主要矛盾是"思想政治教育同经济、政治、文化、社会关系之间的矛盾"。思想政治教育工

---

① 邱伟光.思想政治教育学概论［M］.天津：天津人民出版社，1988：176 – 177.
② 陈万柏，张耀灿.思想政治教育学原理［M］.北京：高等教育出版社，2015：7.
③ 王芳明.思想政治教育基本矛盾的"人学"探寻［J］.思想政治教育研究，2004（3）：10 – 11.
④ 卢景昆.关于思想政治教育本质的再思考：基于对思想政治教育基本矛盾的反思［J］.探索，2012（2）：136 – 139.

作的主要矛盾是"主体对受众的意识形态要求与受众实际思想政治水平之间差距的矛盾"。① 有学者从政治哲学的角度提出"思想政治教育的基本矛盾是政治与教育之间的矛盾张力，在学术研究领域是政治学与教育学视域的关系。"②

总体而言，经验性地分析思想政治教育的基本矛盾，学界没有太大争议，那就是教育者所要施教的思想意识与受教育者自身思想实际之间的差异。进入到抽象的范畴性质的思想政治教育基本矛盾的讨论结论就显得比较多样。

"经济范畴只不过是生产的社会关系的理论表现，即其抽象。"③ 那么相应地，我们可以将思想政治教育学的范畴理解为教育的社会关系的理论表现。上层建筑和经济基础的矛盾是历史唯物主义视域中推动社会发展的基本矛盾。那么，当代社会主义中国的观念上层建筑与经济基础之间的矛盾、观念上层建筑和政治上层建筑之间的矛盾应作为思想政治教育基本矛盾分析的基本视野。

三、研究思路、内容、方法及创新之处

（一）研究思路与主要内容

基于实践原则的思想政治教育创新研究，核心是对思想政治教育进行基于历史唯物主义实践本体论的反思。在申明实践原则是历史唯物主义本体论原则的前提下，综合考察思想政治教育的定义、主体及对象、基本矛盾、发展趋势等问题。因此，研究结果以如下方式呈现："历史

---

① 李合亮. 思想政治教育基本矛盾探析 [J]. 思想教育研究，2015（4）：17–21.
② 金林南. 政治的教育与教育的政治 [J]. 南京政治学院学报，2008. 24（2）：91.
③ 马克思恩格斯文集：第 1 卷 [M]. 北京：人民出版社，2009：602.

唯物主义的实践原则是什么""实践原则与思想政治教育""基于实践原则的中国共产党思想政治教育历史考察""从实践原则审视当前思想政治教育主要存在哪些问题""实践原则下新思想政治教育观的大体内容"。

首先，说明实践原则是历史唯物主义本体论原则。通过对马克思主义理论发展史的回顾，结合对西方形而上学传统的批判，简要梳理出实践原则确立的过程及其重大意义。然后，说明思想政治教育本体论应牢牢奠基于历史唯物主义的实践本体论基础之中，进而分析思想政治实践原则包括哪些具体内容。

其次，对思想政治教育实践原则展开论述。重点研究思想政治教育与历史唯物主义实践原则之间的关系，以此解释本选题的理论依据和现实基础。所谓历史唯物主义实践原则是指相对于思维或感性直观而言把人的实践活动作为理解事物存在的本体论原则。人类的生产劳动是实践活动的主要历史内容，从根本上决定着社会发展和人类思想进步。思想政治教育是促进马克思主义思想意识产生的活动，是社会主义观念上层建筑的建设活动，本质上是社会主义的精神生产、再生产。思想政治教育目标是改造人的思想认识，因此，必须遵从社会存在决定意识的历史唯物主义认识论规律。思想政治教育应与人们的生产生活及感性意识保持契合及引领的关系，脱离人们所见所感所思所想的教育必将因不接地气而失去对象。同样，如果偏离了社会主义思想意识道德观念培育的主旨，思想政治教育也将面临发生退行性变化的危险。

再次，从实践原则角度考察中国共产党思想政治教育历史。可以看出，思想政治教育成功与实践原则坚持之间呈现正相关关系。其中，延安整风、新式整军及抗美援朝运动等重大而成功的教育活动，遵循党的实事求是思想路线，本着团结—批判—团结的方针，采用民主的办法、说服教育、自我教育等方法，卓有成效。"文革"结束后的真理标准大讨论，打破了"两个凡是"教条主义的束缚。思想政治教育开始与社会主义现代化建设同步，并朝着制度化、学科化、专业化的方向发展。

最后，以实践原则为切入，对思想政治教育现实加以审视。主要研究 21 世纪以来思想政治教育一定程度上存在的庸俗化、抽象化、外在化、形式化等问题。上述问题成因主要包括：教育所秉持的逻辑与生产生活实际运行逻辑之间张力过大；教育与宣传、文化等其他工作之间的配合欠紧密；教育对社会的影响力相对减弱等。另外，思想政治教育也存在着一定程度的回归实践原则的趋势。

未来，思想政治教育应彻底坚持历史唯物主义实践原则，坚持实践辩证法，贯彻党的执政意图，领会当代社会人的存在样态，紧紧围绕人民精神解放主题，真实反映人们的感性意识，有效引领时代精神发展方向，发展出"社会整体"模式的思想政治教育新的形态。

（二）研究方法与创新之处

理论分析法：对历史唯物主义实践原则进行理论分析，得出关于思想政治教育实践原则的具体内涵。以此为基础考察历史、审视现实、研判未来，分析方法上呈现出思想政治教育概念的批判、方法的批判和社会的批判相结合的特点。

历史考察法：以中国共产党的思想政治教育史为蓝本，考察不同时期实践原则的贯彻情况。思想政治教育是在无产阶级革命斗争中产生、发展起来的，经历了"反右"扩大化和"文化大革命"两个重要的异变环节，在真理标准讨论和实事求是思想路线的恢复的基础上，实现了新的发展。新时期，思想政治教育出现了回归实践原则的趋势，预示着思想政治教育的理念变革和模式创新的未来方向。

　　文献研究法：以马克思恩格斯文集、毛泽东文集等经典文献为一手研究材料，梳理基础理论。以学科内专家学者已经公开出版的专著、教材、期刊论文为重要参考，研究有关史实，分析现实问题，判断发展趋势。

　　创新之处：一是提出了思想政治教育实践本体论原则，并将其细化为一致性原则、主体性原则、相关性原则、对象性原则、发展性原则等五个具体原则。二是尝试着对思想政治教育的主体和对象进行新的划定。区分了法学意义上的思想政治教育工作的责任主体与对象，哲学意义上思想政治教育活动的实质主体与对象。三是对发展趋势做出了判断。未来思想政治教育将发展出"社会整体"型的新形态。

　　未竟之思：一是思想政治教育的价值问题尚未得到充分考察。二是中国共产党的思想政治教育历史规律有待进一步提炼。三是"社会整体"模式可以大致被看作未来发展新方向，而相关条件和方法有待进一步研究和探索。

第一章

历史唯物主义的实践原则

马克思主义哲学是以人的感性活动即实践为基本原则的，所以强调不仅要解释世界，关键是要改变世界。与马克思主义哲学不同，"近代哲学是以思维为原则的。"① 以思维为原则的哲学意欲在意识中用思维把握世界，所以结果主要是用不同的方式解释了世界。历史唯物主义的实践原则是指历史唯物主义的实践本体论原则。历史唯物主义实践本体论的确立是在批判包括机械唯物主义在内的西方形而上学传统基础之上完成的。因此，有必要结合思想发展历程来明确实践本体论的确立带来的哲学革命。进而探讨历史唯物主义实践原则与思想政治教育之间的关系以及实践原则对深化思想政治教育本质、性质和主体及对象的理解的意义。因此，实践原则这一历史唯物主义的基本观点自身应首先得到简要回顾与梳理。

一、实践原则的确立

实践原则的确立在哲学史上有着革命性的意义，以之为基础产生了新的历史唯物主义的世界观和方法论。哲学一改往昔思辨抽象的面孔，

---

① 黑格尔. 哲学史讲演录：第 4 卷 ［M］. 贺麟，王太庆，译. 北京：商务印书馆，2013：66.

转而关照现实世界和人类自身的境遇和生命的意义。哲学希求的不再是第一原因，而是每个人自由而全面的发展的前提和条件，从为世界何以可能提供理论说明转向探索人的异化根源以及人类解放的可能道路。马克思主义实践原则的确立意味着：超感性世界及其相应理论被感性世界和社会批判理论所取代；单纯的理论态度的终结和改变世界的实践态度的出场；意识内在性原理被"感性—对象性活动"所扬弃。目前，历史唯物主义的实践原则，存在一种退行至机械唯物论的危险。具体来讲，就是对事物——包括拟将讨论的思想政治教育的认识和理解存在着直观化、抽象化、形式化甚至庸俗化的倾向。对社会现象的分析无法深入其历史根源之中进而展开有效地说明，而是停留于应该如何的善良意志和我们要如何的主观愿望之中无法通达必然。

（一）实践概念解析

基于实践原则的思想政治教育创新研究是从实践本体论的层面对思想政治教育进行的再认识。重点研究从历史唯物主义实践的观点出发，判断、理解思想政治教育何以存在的问题，集中表现为科学回答思想政治教育是什么以及不是什么。基于实践原则的思想政治教育创新研究是坚持历史唯物主义实践本体论原则，对思想政治教育本质、特征、主体与对象、基本矛盾等问题进行的考察。哲学本体论原则的改变意味着人类世界图式的根本性改变——如果哲学被定义为人领悟包括人自身在内的世界的基本样式的话。即是说，本体论原则的改弦更张意味着哲学革命，因此会标示出不同哲学本质上的差别。漫长的哲学史上根本性的革命是很有限的。

历史唯物主义是马克思所发动的哲学革命的成果。历史唯物主义的革命性，在于它不再沿着主客两分的道路，即要么用思维去统一存在，要么用存在去统一思维，而是认为存在必须从现实的人的感性活动这样一个全新的线索加以认识和理解。可以说，历史唯物主义的基本哲学原则是实践原则。要言之，所谓历史唯物主义实践本体论是以人的"感性—对象性活动"，即实践为原则领会存在的思想纲领。这一点和近代哲学有着质的区别。按照黑格尔的理解近代哲学的主要兴趣是"考察思维的本性，维护思维的权威"。① 历史唯物主义认为构成世界现实性的依据不是抽象的思维本身，也不是对象的直观形式（物性），而是人的感性—对象性活动即实践。按照马克思的说法那些"不是把感性理解为实践活动的唯物主义"只能是直观的唯物主义。② 也就是说，诸存在者是以实践的方式存在着的。人的实践活动是存在者存在的尺度，也是不存在者不存在的尺度。就现实的存在者的存在而言，实践活动是具体时间空间里的"主体—客体"一体化存在与发展的过程。可见，"实践原则"既不是单从主体角度，像唯心主义那样，用"意识形式"去规定存在；也不是从单一的客体角度，像从前的唯物主义那样，单从客体、对象、感性的直观形式去理解存在。

历史唯物主义从人的感性活动即实践出发，而非从相互独立的思维或客体出发，确立起了历史唯物主义的本体论原则。从实践的维度理解现实世界，即要把现实世界理解为一个主体和对象矛盾关系不断地瓦解、生成和统一的过程。此矛盾存在过程通常可以表达为"人创造环境，同样，环境也创造人。"③ 主体和对象世界的现实的存在，正是这样一种感性的、对象性的活动的展开。"由于实践是主体对环境的创造，是对象对于主体的生成，所以，实践是能动的过程。同时，由于活

---

① 黑格尔. 小逻辑［M］. 贺麟，译. 北京：商务印书馆，2009：68.
② 马克思恩格斯文集：第 1 卷［M］. 北京：人民出版社，2009：506.
③ 马克思恩格斯文集：第 1 卷［M］. 北京：人民出版社，2009：545.

动的主体是感性的，是环境反过来对主体的创造，所以，实践活动又是受动性的。"① 主体的改变和对象改变统一于人的实践活动进程之中，这就是感性—对象性活动——实践的核心内涵。

马克思主义的视域中，实践不是一个认识论的概念而是一个本体论的概念。实践活动开始于人的感性需要和需要的满足。这些需要包括物质生活资料的需要、社会交往的需要、精神交往的需要等。因为人和世界最初的也是最根本的关联是感性需要及需要的满足而不是感性的认识。生存是优先于认识的。感性需要表明对象的主体性与主体的对象性的统一。在感性需要与需要的满足中主体和对象可以通达各自的本质，实现形而上学所追求的"本质的同一性"。比如优美的音乐和懂音乐的人。反例则是对牛弹琴中的牛和琴音。正是因为每一个具体的人的感性需要各不相同，才为自由留下空间。所谓"萝卜白菜，个人所爱"。你追求你的萝卜，我追求我的白菜，你和我各有各的意志自由。反过来说，过分强调虚假的统一性则是很可怕的一件事。全国人民统一都看样板戏的时代是置人的感性需要于不顾的时代，也是很荒谬的时代。另外，感性需要一定是每一个人的不同的需要。因此，个体性和差异性所表示出的现实性的意义要大于统一性所表示出的现实性的意义。也就是说，形而上学中"一"优越于"多"的传统被颠覆。马克思主义对个性的重视是大于抽象的统一性的。吾道，一以贯之。此逻辑一直延伸到共产主义的基本纲领——"每个人的自由发展是一切人自由发展的条件"② 之中。因此，在历史唯物主义的语境中，实践就是人的感性活动。

---

① 吴晓明，陈立新. 马克思主义存在论研究［M］. 北京：北京师范大学出版社，2012：219.

② 马克思恩格斯文集：第2卷［M］. 北京：人民出版社，2009：53.

　　实践活动中的主体是现实的人——要吃要喝会哭会笑会思想的人，而不再是以思维的方式存在着的"无人身的理性"——无情无欲无意志的在意识中运动的"思想实体"，从而消除了人的抽象性。现实的人不仅以自然界为对象，而且，也以人类社会为对象。因此，人既是有自然属性的人，也是有社会属性的人。人的现实性不仅体现在自然界中，同时体现在人与人的关系当中。人作为对象性的、感性的存在物，是一个受动的存在物。现实的个人要存在下去，首先要吃喝拉撒睡。但是满足这些感性需要的对象并不在人自身。人只能依靠劳动从自然界中获得这些物质生活资料。"也就是说，他的欲望的对象是作为不依赖于他的对象而存在于他之外的；但这些对象是他的需要的对象；是表现和确证他的本质力量所不可缺少的、重要的对象。"① 并且，人在物质资料的生产过程中，结成各式各样的社会关系。人的社会性并非只是当下的东西而已，而是一代又一代人实践活动产生和积累的结果。人的社会性体现在人与他人、组织、国家、社会等之间的现实关系之中，这些关系的产生与确认不是依靠感性直观或者主观意识就可以完成的，更根本的是由人的生产劳动等实践活动完成的。人的现实性，"这同他们的生产是一致的——既和他们生产什么一致，又和他怎样生产一致"。② 人类社会的物质生产不仅生产出各种劳动产品，同时生产出人与自然以及人与人之间的关系。

　　实践活动中客体意味着主体的对象，而不再是与人无关的某种客观存在。客体是一种对象性的存在而不是一种孤立的与主体无涉的存在。因此，对象性关系及其建立是实践概念的基本内涵。正因为对象是主体所需要的而同时又是不依赖于主体而存在的，所以，人的"感性对象

---

① 马克思恩格斯文集：第 1 卷 ［M］. 北京：人民出版社，2009：209.
② 马克思恩格斯文集：第 1 卷 ［M］. 北京：人民出版社，2009：520.

性活动"才成为可能。"一个存在物如果在自身之外没有对象，就不是对象性的存在物"，而"非对象性的存在物是非存在物"①。"非对象性的存在物，是一种非现实地、非感性的、只是思想上的即只是想象出来的存在物，是抽象的东西。"②"被抽象地理解的、自为的、被确定为与人分隔开来的自然界，对人来说也是无。"③ 那种静观的、与人无关的对待自然的想法都是妄想。比如，"没有劳动加工的对象，劳动就不能存在。"④ 同理可知，没有教育的对象，教育就不能存在。

　　实践活动中的对象性有双层含义。首先，对象性是指主体和客体处于一种必然的联系之中，主体以客体为对象并受到对象制约，主体也因此显现出其受动性。其次，对象性指对象化即对象性关系中主体对客体自主自觉地改造。表现为对象制约主体、主体改造对象，因为完整意义上的对象性关系必须是积极互动的，而不是单向的无回应的。主体和客体对象性关系是在具体的实践活动中建立起来的。比如，劳动产品是某个对象中的、固化了人的劳动，实现了人的本质力量的对象化。劳动的现实化，就是劳动的对象化。对象化的活动是对人的创造性的肯定，并因此实现了对自由的承载。动物和自己的生命活动是直接同一的，动物无法有意识地将自己同自己的生命活动区分开来。蜜蜂会建造结构复杂的蜂房，但是，它们并不会意识到自己是在建筑蜂房。而人是不同的。再蹩脚的建筑师，在建造房子之前，也具备了关于自己要建造某个房子的意识。人则使自己的生命活动本身变成自己意志和意识的对象。因此，马克思在谈到黑格尔的辩证法——作为推动原则和创造原则的否定性时，称赞"他抓住了劳动的本质，把对象性的人、现实的因而是真

---

①　马克思恩格斯文集：第1卷［M］．北京：人民出版社，2009：210.

②　马克思恩格斯文集：第1卷［M］．北京：人民出版社，2009：211.

③　马克思恩格斯文集：第1卷［M］．北京：人民出版社，2009：220.

④　马克思恩格斯文集：第1卷［M］．北京：人民出版社，2009：158.

正的人理解为他自己的劳动的结果。"①

综上，马克思主义的实践活动是对象性和主体性、受动性和能动性相统一。统一的内涵是对立统一，而非无差别的同一。并且，统一于具体的实践活动，是具体的历史的统一，而不是抽象的观念的统一。

（二）实践原则对感性直观原则的扬弃

就思想史的角度而言，费尔巴哈第一次试图建立起与思想不同的以感性为原则的存在论，明确提出了自己的"感性原则"，并借此来批判黑格尔唯心主义。为了要颠倒黑格尔唯心主义哲学的绝对理念思维原则，费尔巴哈试图建立自己的新哲学——人本主义的"感性原则"。"唯物主义、唯心主义、生理学、心理学都不是真理，只有人本学是真理，只有感性、直观的观点是真理，因为只有这个观点给予我整体性和个别性。"② 他认为，哲学的开端不应该从"存在"的概念开始，而应该是存在本身或者说现实的存在开始。并且，只有具体的存在才是现实的。"哲学的开端是有限的东西，确定的东西和实际的东西。没有有限者，无限者是根本不能设想的。"③ 那么感性有哪些内容呢？空间和时间是一切实体的存在形式④；人的不可分割的有机的生命；爱和痛苦。⑤

从这里可以看出一种新的本体论的基本立场，存在不等于关于存在的观念，存在是存在者的存在，任何脱离了时间、空间的具体存在者的关于存在的讨论，都是不现实的。因此，感性的具体的存在是现实世界

---

① 马克思恩格斯文集：第1卷 [M]．北京：人民出版社，2009：205.
② 费尔巴哈哲学著作选集：上册 [M]．北京：商务印书馆，1984：205.
③ 费尔巴哈哲学著作选集：上册 [M]．北京：商务印书馆，1984：107.
④ 费尔巴哈哲学著作选集：上册 [M]．北京：商务印书馆，1984：109.
⑤ 吴晓明，陈立新．马克思主义存在论研究 [M]．北京：北京师范大学出版社，2012：135 - 137.

的现实性的起点。现实的人、人生活于其中的自然界、人与人共同构成的社会等看得见摸得着的感性存在，就成了主要的关注点和研究对象。"思维与存在的统一，只有将人理解为这一统一的基础和主体时，才有意义，才是真理。"① 人本主义的感性原则，以现实的存在物为基点，开启了一个有别于逻辑构造起来的关于世界的观念图式的新的研究模式。"感性—对象性"原则，构成人本主义理论的核心。该原则可被理解为三个基本的命题：一、感性是世界现实性的依据；二、人是对象性的存在物，离开了对象，人就成了无；三、与主体必然发生本质关系的那个对象，是主体固有而又客观的本质。

至此，"实践原则"发展到了真理门口，马克思完成那临门一脚——从人本主义"感性原则"发展到了历史唯物主义"感性—对象性活动"即实践原则。促使这一转变的关键点是人本主义感性直观与历史唯物主义否定的辩证法的差异。这两者，表面上看是方法论上的区别，而实质是本体论上的根本性差异。原因是我们所熟知的，有什么样的世界观就有什么样的方法论。也就是说，人本主义的感性直观原则是无法容纳作为能动性原则的主要依据否定的辩证法的。并且，由于人本主义的感性原则将对象理解为既定的、眼前的东西，将一切现实的关系的建立最终诉诸单薄而无力的"直观""感觉"，导致其无法准确地揭示出社会关系的形成及其发展的基础和动力。抽象的类也好，空洞的爱也罢，实际上都排斥了人的存在的社会性和历史性，而它又承认"只有在空间和时间内存在才是存在"。承认一个自身理论无法解释的事实，理论陷入了无解的矛盾。思辨哲学使得发展脱离时间变成"绝对"，而人本主义的"感性直观"同样没有能够很好地说明人的能动性、社会和历史。

---

① 费尔巴哈哲学著作选集：上册［M］．北京：商务印书馆，1984：181.

（三）　实践原则对思维原则的扬弃

机械唯物论和形而上学就其解释世界的思路而言是没有实质差别的，不过是一个硬币的两面。抽象的物质即作为物性的物和抽象的观念实际上都是一回事。所不同的仅仅是形而上学直接从观念、逻辑等出发来解释世界，而机械唯物主义从"物性"出发解释世界。按照黑格尔的说法"形而上学是研究思想所把握住的事物的科学。"① 形而上学核心要义：（1）感性世界与超感性世界即理念世界、逻辑或思维的分裂与对立；（2）真理或者说本质来自超感性世界，与感性世界无关。应该用理性等"排除感性"的干扰，并且，以抽象的方式把感性事物作为非存在者和有限者加以扬弃。"如情绪、感觉之类，并不是最优良最真实之物，而是最无意义、最不真实之物。"② 所以，关于世界的真理性或者说现实性，不在其感性的存在之中，而在其作为超感性世界的理念王国之中。③

在形而上学传统中并不否认具体事物，而是认为存在的本质是思维，作为哲学要研究的正是思维。和思维相比事物的感性存在是有限的、次要的，属于低级的现象世界，因而是最终要被扬弃掉的东西。从认识论的角度解释感性确定性，它是真实的、丰富的，但就其认识的真理性而言又是极为贫乏的。"事实上，这种确定性所提供的也可以说是最抽象、最贫乏的真理。它对于它所知道的仅仅说出了这么多：它存在

---

① 黑格尔. 小逻辑 [M]. 贺麟，译. 北京：商务印书馆，2009：79.
② 黑格尔. 小逻辑 [M]. 贺麟，译. 北京：商务印书馆，2009：71.
③ 吴晓明，陈立新. 马克思主义存在论研究 [M]. 北京：北京师范大学出版社，2012：134.

着。"① 而且感性确定性是无法超越时空的，随着某时某刻和某人某地的转换，它所指认的确定性也就不复存在了。在这个意义上，感性确定性所标示出来的不被认为是真理，真理往往是被冠以普遍性和永恒性的因而是超越时空的。所以，关于事物的知识"理性"被保留，而事物的具体存在"感性"被扬弃。

之所以如此，乃是思想发展历程走到这样一步。哲学始终将追求"思有同一"作为自己的最高使命。自笛卡尔以来，近代哲学发生了认识论的路向转移。关于世界存在的真实性的讨论兴奋点从外部世界逐渐转移到了人和人的意识。从笛卡尔"我思故我在"开始，我可以怀疑一切，却不能怀疑我在怀疑。因此，唯一能够确定的东西是"我思"即思维着的主体本身。"我思"是感性事物即物体的广延得以确证的依据。就康德而言，我们只能认识我们所认识的世界，至于世界自身即物自体是怎样的，我们不得而知。而黑格尔把康德的思想向前又推进了一步，物自体既然不可认识，那就不再设定它的存在，我们就把讨论的范围限定在人所能认识的范围内。于是，思维之外的东西超越了认识的边界，故不予讨论。这样最终的结果是存在论的问题只能被限定在认识论的范围内来考察。"知识是意识的唯一的活动。因此，知道某个东西，这个东西就成为意识的对象了。知识是意识唯一的，对象性的关系。"② "人们所考察的一切存在都是人们认识的对象，除开认识的对象之外，没有任何对象是有意义的，因而一切存在都在意识之内。"③

那么，马克思主义实践原则从哪些方面超越了形而上学？简单说来，就是上帝归上帝，凯撒归凯撒。存在论研究"有"与"无"；认识

---

① 黑格尔. 精神现象学：上册［M］. 贺麟，王久兴，译. 北京：商务印书馆，1979：63.

② 马克思恩格斯全集：40 卷［M］. 北京：人民出版社，1979：125.

③ 杨杰. 马克思的感性概念［D］. 上海：复旦大学博士论文，2013：29.

论研究"知"与"否"。显然"有与没有"和"知与不知"不是一码事。尽管主体与对象的认识关系是不能被回避的问题，但新世界观的本体论将不宜继续在认识论的视野内进行讨论，否则只能是黑格尔的重复或者回到其之前，可以说客观唯心主义已经走到了主客体两分基础上的认识论的尽头。"科学的世界观就是能科学地把握世界的客观本性，把握人与世界的辩证关系和为人类提供认识世界和改造世界方法和途径的世界观。"① 马克思主义正是这样一种科学理论，因此，它需要就事物的存在和辩证发展规律问题做出自己的回答。作为本体论的实践原则，不再秉持着主客体分离并且对立的态度，而是以人的感性—对象性活动为纽带将主体和客体对立统一起来，冲破意识的内在性原理，真正为存在确立起了现实依据。正如马克思早已申明的那样"人应该在实践中证明自己思维的真理性，即自己思维的现实性和力量，自己思维的此岸性。"②

二、历史唯物主义实践原则的要义

实践原则首先是马克思主义理解存在即判断某物有与无或某物是与不是的本体论原则。实践作为感性—对象性活动成为历史唯物主义在处理古老的本体论问题"思有同一"时所给出的自己的方案。

（一）人的实践活动是事物存在的依据

在旧哲学的框架下，理性常常是和活动相联系的。比如，对于亚里士多德而言，理论是最高的实践。康德将理性分为，理论理性和实践理性。其中理论理性关涉自然必然性，而实践理性"是指一种能思维的

① 赵剑英，俞吾金. 马克思的存在论思想 [C]. 北京：北京科学文献出版社，2006：5.
② 马克思恩格斯文集：第1卷 [M]. 北京：人民出版社，2009：500.

意志，亦即指依据普遍原则自己决定自己的意志。"① 实践理性的任务是指示行为应该如此的规律，也就是为人的行为制定道德律令。正所谓"知性为自然立法""理性为自由立法。"而感性要么被认为是理性的对立面，要么被认为是理性的一个初级环节。从主体方面看，感性始终被理解为感受性，具体指视觉、听觉、触觉等；从客体方面看，感性始终被理解为对象的直观属性，具体指色彩、声音、质地等。因此，感性始终是静态的，它有事物属性的意味，也有人的感知能力的意味，并且，常常在认识论的层面上被理解为直观的、被动的、接受的。

马克思将实践理解为"感性—对象性活动"，而理性仅仅是表示人的抽象力和思维的认识能力。因此，理性只能是认识论的人的抽象思维能力，而感性则是存在论的人的感性对象性活动。理性两个最突出的基本特征是抽象性和逻辑性，因此对对象的把握是概念性的、逻辑性的。运动被抽象为概念之间的逻辑关系，表现为一种必然性。然而，我们很清楚，一场音乐会的节目单是不能和音乐会本身划等号的。因为，声音即是音乐的感性存在又同时是它的本质，是无法被抽象地舍弃的。而如果被扬弃掉具体的感性内容后，音乐会变成了概念性的节目单，无声的音乐会还能被称作是音乐会吗？

当面对现实的个人以及人类社会发展的历史时，旧哲学的认识论性质的理论态度，局限性就会立刻显现出来。一个饥饿难耐的穷人，他能认出面包店摆放的是纯麦面包，并且了解关于那种面包的一切知识。看到它、知道它，意味着对象和主体之间已经构成了认识论意义上的对象性的关系。面包已经是这个饥饿难耐的穷人的意识中的对象了。可是，即便此人获得了关于该面包的千般知识万般感受，由于口袋里没有"半毛钱"，面包依旧是面包，饿汉依旧是饿汉。因此，对于饿汉而言，

---

① 黑格尔. 小逻辑［M］. 贺麟，译. 北京：商务印书馆，1980：142.

具有存在论意义的不是关于面包的感受，也不是关于面包的知识，而是，他能够吃到面包。

从实践的维度看来，人和对象形成对象性的关系，首先意味着人现实地迫切地需要对象。对象是与人的生存、生命活动过程有必然联系的对象。人和对象世界的前提性的现实关系是感性需要与需要满足的关系。思想家们不至于如此无知，以至于不明白人能吃的是面包而非关于面包的感觉或是关于面包的知识。"感性—对象性活动"所揭示的存在论意义，并非仅仅局限于人想要思考，首先要活着，而人要活着，必然依赖于自然界等外在于自己的对象来满足自己的生存需要。当然，活着却是一个不折不扣的前提。作为一种对象性存在的"现实的个人"是历史的前提，而不能代表着新世界观的全部内涵。所谓"现实的"个人一定是在具体时代某个地域从事某种生产活动，并因此处于特定社会关系中的人。

"感性对象性活动"原则还包含更为深刻的存在论含义——对旧世界观的颠覆，以及新的世界观——历史唯物主义的确立。对于马克思主义而言，关于存在与非存在、关于存在的现实性、关于自然界和人的现实存在的依据统一归于"实践"而不是"意识"或抽象的"物质"即物性。首先，人的存在就是感性对象性活动本身。也就是说，人的本质的确证全部包含在感性对象性活动当中。人的本质，"不是把许多个人自然地联系起来的普遍性"——类，也不是某种超验的实体，在其现实性上，表现为各种社会关系的总和。人与人之间的社会关系主要是在人类社会的生产活动中结成，并进而决定着人的存在，而"个人怎样表现自己的生活，他们自己就是怎样。"① 同时，实践也是整个现存感

---

① 马克思恩格斯文集：第 1 卷 [M]．北京：人民出版社，2009：502.

性世界（包括自然界）的基础。① 自在存在的自然界，即便是在人类出现以后，其优先地位依然会保持着，然而，自然的自在存在的意义是非常有限的——指认出自然界在那儿。自然界和人之间有意义的关系是其社会历史性存在。"工业是自然界对人，因而也是自然科学对人的现实历史关系。"② 可见，历史唯物主义中的"物"，其实是一种对象性的关系及其建立，而不是孤立的实体性的"物体"。对象性的关系的建立只能通过人的生产劳动、革命活动等具体的感性—对象性的活动，而不能是感性直观。因此，无论是主体还是对象都只能是具体的感性活动中的主体和对象，不会是具备某种特征的某一类人或物。因此，全部社会生活本质上是实践的，唯有如此，马克思主义存在论的社会—历史向度才能真正敞开，历史才能与唯物主义真正融合。

（二）意识是被意识到了的存在

马克思主义从实践的维度而不是就内在性意识本身来考察意识和存在的关系即认识论问题，从而实现了认识论上的伟大变革。③ 在意识和存在的关系问题上，马克思主义认为意识和存在是可以统一起来的。那就是"意识在任何时候都只能是被意识到了的存在，人们的存在就是他们的现实生活。"④ 传统的认识论"思维和存在"的关系的追问，在历史唯物主义的立场上就变成了实际地考察"人的意识与人的实践"之间的关系。因为马克思主义"始终站在现实历史的基础上，不是从观念出发来解释实践，而是从物质实践出发来解释各种观念形态"，由此也就得出下述结论："意识的一切形式和产物不是可以通过精神的批

---

① 马克思恩格斯文集：第 1 卷 [M]．北京：人民出版社，2009：529．
② 马克思恩格斯全集：第 3 卷 [M]．北京：人民出版社，2002：307．
③ 欧阳康．马克思主义认识论研究 [M]．北京：北京师范大学出版社，2012：6．
④ 马克思恩格斯文集：第 1 卷 [M]．北京：人民出版社，2009：525．

判来的消灭的，不是可以通过把它们消融在自我意识中或化为'怪影'、'幽灵'、'怪想'等等来消灭的，而只有通过实际地推翻这一切唯心主义谬论所由产生的现实的社会关系，才能把它们消灭。"①

意识的内容和形式均源自人们的生产生活实践，实践是统一人的认识和外部世界的基础。实践也是辨别认识真理性的最终依据。人的思维是否具有客观真理性，这并不是一个理论的问题，而是一个实践的问题。因为，实践活动是"感性—对象性活动"，意味着人的意识的对象化，意味着对外部世界的感知、认识、利用和合理地改造，实践活动同时包含着人关于对象的认识及实践主体自身的价值诉求、情感意志等。因此说真理性的判断不能在意识内部仅凭认识自身来判定，因此"不是一个理论问题"而是在于意识之外由主观见之于客观的对象性活动即实践来判断，"是一个实践问题"。所以，人应该在实践中实现自己思维的真理性，即自己思维的现实性力量。实践活动是形成正确科学认识的最终决定力量，因此，应该在具体的社会关系中实际地认识某物或判定某件事情。脱离了人的实践活动，脱离了具体的社会关系，对事物的认识只能是经验直观、知性知识或主观偏见。

历史唯物主义实践本体论原则决定了它不会脱离人和人的感性对象性活动讨论人的意识的产生以及本质内容等问题。与感性对象性活动相伴始终的是感性意识，即实践的意识。这时，感性意识不是一般知识论意义上的静观，或者静观后的结果——知识本身。感性意识首先是对感性需要的感性直观。如某人空腹数小时后他意识到自己的饥饿，或独居数日意识到自己的孤单，以及由于饥饿和孤单引发的痛苦等。这些人的具体感受是客观存在的，与人如影随形并且不需要理性的参与就可以直接被觉察出来，既不能被理性地消灭，也不能被无视。然而，这样的

---

① 马克思恩格斯文集：第1卷［M］．北京：人民出版社，2009：544.

"囿于粗陋的实际需要的感觉，也只具有有限的意义。"① 从更为深远的层面考察意识，包括个人感受这种极为私密个性化的体验，可以得出似乎令人颇为沮丧的结论，"五官感觉的形成是迄今为止全部世界历史的产物。"② 难道说，我的感觉不是完全因我自己而产生，并因此完全属于我自己的吗？只能说是"在有限意义上"是而已。

感性意识的社会历史性才是其根本属性。柳宗元在《钴鉧潭记》中记录道：有一次自己去游玩遇见钴鉧潭，觉得它好美。而潭边一农家实在无力承担赋税，就打算把潭上的田卖与柳宗元。柳宗元顺势买下农田，修筑亭台供自己和友人观潭赏月之用。面对同一汪碧潭，衣食无忧的柳宗元在清风明月下感受到的是潭水之美，而他的感受又岂能是饱受盘剥、饥馑难耐的农户所能体验得到的？

感性意识同时是整合了"理性"的感性意识，是人对自己的生命活动的意志和意识。"这种意志和意识既有丰富的感性内容，又是真正属于人的，既有感性直观的成分，又有科学理性的内容。"③ 感性意识对理性的容纳体现在实践活动必然包括人与自然关系的处理，如，制作劳动工具并对自然界进行改造，知性的自然科学——对客观世界的规律及必然性的把握，是会被排斥在感性意识之外的，恰恰相反，由于人的生产生活的需求，自然科学才得以发展起来。社会科学的研究同样离不开理性的逻辑的思维，比如，对人的本质的理解，单纯的感性直观是无法得出科学认识的，只能在具体的社会关系以这些社会关系的形成过程中去考察。而社会关系尤其是经济关系中的数量关系不是感觉的对象只能是思维的对象。"辩证法就归结为关于外部世界和人类思维运动的一

---

① 马克思恩格斯文集：第1卷［M］. 北京：人民出版社，2009：191.
② 马克思恩格斯文集：第1卷［M］. 北京：人民出版社，2009：191.
③ 周文文. 超越近代"理性"的走向：马克思的"感性意识"［J］. 人文杂志，2002（5）：26.

般规律的科学，这两个系列的规律在本质上是同一的。"①

历史唯物主义实践原则一向反对认识论领域中神秘主义和形而上学，认为认识的主体不是神秘的绝对精神，而是具体的有生命的个体，这样的个体是不能被思维着的主体所置换的，认识无论如何都是"人的"认识。"后一种符合现实生活的考察方法则是从现实的、有生命的个人本身出发，把意识仅仅看作是他们的意识。"② 作为认识主体的个人是有自然禀赋上的差异性的。遗传基因影响着人自然禀赋，使得每个人在智力上的表现各不相同。除了自然禀赋的差异外，作为认识主体的个人也存在着社会性的差异。个人的这种社会性主要体现在个人对社会的依赖，或者说是个体对环境的依赖。"橘生淮南则为橘，生于淮北则为枳。"社会相对于个人而言也是一种客观的对象性的存在。正是因为如此，人才有认识了解周围环境的必要。而人和环境之间当然也是互动关系，人是受动的，同时也是能动的。自然、家庭、阶层、文化、风俗等均对个体心智的发展产生影响，同时个人通过自身的实践活动，也不断地认识环境改变环境，而不会像动物一样严格遵从"龙生龙，凤生凤"的自然法则。也就是说，实践活动同时意味着环境的改变和人自身的改变。个人精神世界的丰富性往往受到其所生活的现实环境和社会关系的多样性和丰富性的影响和制约，可以说每一个代人都有特定时代的局限性。

（三）实践活动是人自由与解放的基础

人与其他的自然生命体之间的本质区别在于人不是直接与自己的本能相统一，而是能够将自己的本质力量对象化，并因此拥有了自由。正

---

① 马克思恩格斯文集：第4卷［M］．北京：人民出版社，2009：298.
② 马克思恩格斯文集：第1卷［M］．北京：人民出版社，2009：525.

如康德所言："人类并不是由本能所引导着的，或者是由天生的知识所哺育、所教诲着的；人类倒不如说是要由自己本身来创造一切的。"① 缺乏自由的维度，历史唯物主义极易被庸俗化为机械决定论。作为像康德一样在哲学史上发动了哥白尼式革命的历史唯物主义超越了唯心主义历史观，通过生产力和生产关系矛盾运动分析找到了人类社会由低级向高级发展的规律，并指出在经历了人的依赖和物的依赖阶段后，在消灭了阶级本身存在的条件后，人类将走向自由和解放。"每个人的自由发展是一切人自由发展的条件"。②

　　"与传统存在论者孤立地、抽象地追寻作为'世界的统一性'的终极存在以及作为'知识统一性'的终极解释不同，马克思自觉地从人类生存与发展的角度来思考终极存在、寻求终极解释、探索终极价值，并将其与人的现实存在、人的自我理解、人生的现实价值追求结合起来，使之成为促进人类实践合理化的理论导向，从而使马克思存在论展示出明显的价值取向。"③ 可见，马克思将"世界何以可能""自由何以可能"的思辨的追问，转变为"解放何以可能"的实践哲学，从而将实践作为理解和变革人与世界的关系的切入口④。这是马克思本体论的显著特点，也构成了马克思主义本体论超越以往旧本体论的根据。

　　显然，自由不属于认识论的范围，因此只能从人的生存角度加以考察。比如，对于一个痛失爱子的母亲而言，她十分清晰地认识到作为自然界生命体的人，固有一死，且人死不能复生。如果说自由是对自然必然性的认识，那么这位母亲已经获得自由。但是，明白人的生与死关系

---

① 康德. 历史理性批判文集 [M]. 何兆武，译. 北京：商务印书馆，2005：5.
② 马克思恩格斯文集：第 2 卷 [M]. 北京：人民出版社，2009：53.
③ 赵剑英，俞吾金. 马克思的存在论思想 [C]. 北京：北京科学文献出版社，2006：20.
④ 孙正聿. 怎样理解马克思的哲学革命 [J]. 吉林大学社会科学学报，2005，45（3）：5 – 15.

的道理丝毫无助于解除她的哀伤，不能使她从悲伤中解脱出来获得自由。"人对自然必然性的认识的深入，并不意味着他拥有更多的自由。"① 也唯有如此，祥林嫂的艺术形象才得以成立。当然，人们也可以通过灵魂不死的自欺欺人来获得心理的安慰，从而在意识的内在性的意义上获得免于痛苦的自由。然而事实却是"追求幸福的欲望只有极微小的一部分可以靠观念上的权利来满足，绝大部分却要靠物质的手段来实现"。② 现代社会人的自由与解放，就其现实的历史内容而言，就是对私有财产以及由其所引发的异化现象，包括私有观念在内的积极的扬弃。"这个领域内的自由只能是：社会化的人，联合起来的生产者，将合理地调节他们和自然之间的物质交换，把它置于他们的共同控制之下，而不让它作为盲目的力量来统治自己。"③ 也就是"为了人并且通过人对人的本质和生命、对象性的人和人的作品的感性占有。"对私有财产及私有观念的扬弃意味着人的全部感觉和特性的彻底解放。

"在社会历史领域内进行活动的，是具有意识的、经过思虑或凭激情行动的、追求某种目的的人；任何事情的发生都不是没有自觉的意图，没有预期的目的的。"④ 可见，明确的目的性是实践活动本身固有的内容之一，不可以被忽略或者抽象掉。这也是马克思所说的对于实践活动要从主观方面去加以理解的一层重要含义。社会实践的目的性一方面反映着人对历史必然性的认识，一方面代表着人的愿望即人的意志自由。但人的自由意志也仅仅能够为人勾画出自由的可能性，而现实却是"人生而自由，却无往不在枷锁之中。"在现实的社会关系当中，阶级剥削和阶级压迫加上共谋的意识形态，一并构成了占社会总人口的大多

---

① 俞吾金. 实践与自由［M］. 武汉：武汉大学出版社，2010：19.
② 马克思恩格斯文集：第4卷［M］. 北京：人民出版社，2009：293.
③ 马克思. 资本论：第3卷［M］. 北京：人民出版社，1975：926-927.
④ 马克思恩格斯文集：第4卷［M］. 北京：人民出版社，2009：302.

数的工人阶级及其他无产者的重重枷锁。他们长期从事繁重的劳动，却缺乏发展自身能力的必要物质条件，缺乏自由时间。"时间是人类发展的空间。一个人如果没有自己处置的自由时间，一生中除睡眠饮食等纯生理上必需的间断以外，都是替资本家服务，那么他就还不如一头役畜。"①

而在马克思主义诞生之前，现实的人的各种异化现象，各种不自由及其社会根源始终没有得到科学揭示，因此，对自由的追求也没有能够彻底跨出善良意志的边界。而马克思主义在完成了批判主题的转换后，由意识形态的批判进入了政治经济学的社会批判，以异化劳动为突破口深刻解析了资本主义生产方式和在这种生产方式基础上形成的对立的阶级关系，并要求人们从争取缩短工作日开始革命的实践活动，实际地改变资本主义经济政治制度，扬弃私有制实现共产主义，从而为人类的解放和人的自由找到了现实的道路。"现代制度给他们带来一切贫困，同时又造成对社会进行经济改造所必须的种种物质条件和社会形式。"②所以，雇佣劳动制度应当连同其基础，也就是资本主义私有制一起被消灭。并且，与私有制相适应的私有观念也需要被扬弃，这样才能实现人的思想上的自由和解放。本质上说，思想政治教育正是当代中国人的扬弃剥削阶级意识形态的思想解放活动。

三、实践原则与深化思想政治教育认识

在历史唯物主义的视域中人的实践是事物存在的根据，变化发展的历史性是事物存在的方式。基于实践原则的思想政治教育本体论思考，首先要追问思想政治教育是如何从无到有地产生，其本质为何以及其存

---

① 马克思恩格斯文集：第3卷［M］．北京：人民出版社，2009：70.
② 马克思恩格斯文集：第3卷［M］．北京：人民出版社，2009：77.

在价值何在等问题。

（一）何以产生：无产阶级革命斗争的现实需要

思想政治教育是一种历史性存在，因此不是永恒的——不是从来就有也不会永远存在。它产生于人类社会进入到资本时代以后的无产阶级革命斗争，终结于共产主义。马克思主义从实践的维度理解和认识事物的产生及其本质。近两年有思想政治教育学的学者提出科学实践观范式是思想政治教育学研究继"社会学范式""人学范式""文化学范式""系统学范式""交叉学科范式""教育生态学范式"等六范式之后的，新的第七范式。思想政治教育学约40年发展历程中是否真的经历过其他六种范式并不重要，重要的是兜兜转转之后的思想政治教育回到了它出发的地方——历史唯物主义。这不能不说是件值得欣慰的事。因此，这也可以被看作是思想政治教育学研究试图回到历史唯物主义理论基地的一种自觉表现。①

紧迫的无产阶级革命斗争的现实需要催生了无产阶级的思想政治教育。早期它被马克思、恩格斯称为"宣传工作"、列宁叫作"宣传鼓动"。一般认为无产阶级的革命斗争包括三个重要的方面，即经济斗争、政治斗争、理论斗争，这三项斗争常常是交织在一起的。理论斗争集中反映了经济斗争和政治斗争的指导思想、斗争策略、道路选择等，被认为是革命斗争的灵魂。思想政治教育的雏形"宣传工作"即为理论斗争的重要实现方式。任何一个时代的统治思想始终都不过是统治阶级的思想。"② 资本主义社会中资产阶级不仅是经济上的剥削阶级、政

---

① 李坤，王秀阁. 科学实践观：思想政治教育范式研究的新取向［J］. 思想教育研究，2015（07）：12 - 16.

② 马克思恩格斯文集：第2卷［M］. 北京：人民出版社，2009：51.

治上的统治阶级，在思想文化等意识形态领域也占据着统治地位。

共产主义运动早期，剥削阶级的意识形态对无产阶级的科学理论构成强力压制，尤其是在沙皇俄国等专制主义国家里表现得更为明显。早在开创之初，世界共产主义运动，就必须和各种非马克思主义、伪马克思主义的思想理论作斗争，以减少错误思想对党员和群众的影响。从《共产党宣言》对形形色色的资产阶级的意识形态的批驳中可见一斑。作为共产党的成立宣言，它不仅申明了本党自己的主张，同时还要驳斥了各种非无产阶级的思想。因为，这些外形各异的"社会主义"思潮也好，贵族阶级的挽歌也好，小资产阶级的悲叹也罢，总之，它们所炮制出的各种谬论，把共产主义蔑称为"幽灵"，无时无刻不在威胁着科学理论的传播及其信仰，腐蚀人们的心灵，瓦解人民的斗争意志。被马克思恩格斯在《共产党宣言》中批判过的各种社会思潮，无论其社会改革的方案如何、呈现出何种理论样貌，都无法科学地说明无产阶级的历史地位及其使命。恩格斯在一封给倍倍尔的信中说过，他和马克思一生都在和冒牌社会主义者做斗争。

即便是在无产阶级的内部，不同的政治组织和政党派别之间也存在着巨大的思想认识上的差异。比如早在马克思恩格斯时代，批判的空想社会主义者所构成的欧文派、傅立叶派等，激烈地反对工人的一切政治运动，固守和平的小型的社会改良实验模式，事实地构成革命的反对派。① 俄国的工人运动中，俄国社会民主工党首先面临着与民粹派的农民社会主义和改良派的经济主义的斗争。"原来经济主义比我们所设想的要顽强的多。"② 为了更好地批判经济主义，结束其持续已久的影响，列宁不得不超计划地写作《怎么办？》。后来俄国社会民主工党又面临

---

① 马克思恩格斯文集：第 2 卷［M］. 北京：人民出版社，2009：54 – 64.
② 列宁. 怎么办？［M］. 北京：人民出版社，1960：4.

内部"孟什维克"和"布尔什维克"两派激烈的思想斗争路线斗争，促成列宁《进一步，退两步（我们党内的危机）》一书的写作。两派在建党原则等基本问题上立场分立，最终还是分道扬镳①。

中国共产党的革命历程中，不仅存在着党际间激烈的革命路线理论斗争，党内反对教条主义形势任务也十分严峻。党际间的理论斗争，从1943年国共两党围绕着《中国之命运》在思想理论层面的交锋，可知一二。1942年，国民党"双十国庆"后蒋介石指示其秘书陶希圣着手起草一部以中国结束不平等条约下的"百年国耻"为主题的书稿，次年3月以《中国之命运》出版。"蒋写作该书的用意一方面是阐明废除不平等条约的意义，同时提升国民党的民族主义威望。"书中"指责中共放弃了中国的伟大传统，转而拥护新帝国主义。"②声言三民主义和国民党才能够真正拯救中国③。由于强烈的反共立场，该书被看作1943年夏天发起的"第三次反共高潮"的思想准备和舆论动员④。陈伯达、康生等人则在毛泽东、刘少奇等领导人的指示下，撰写专门的批评文章，揭批"蒋介石的法西斯战争学说，无能甚至卖国的军事战略，以及他对中国历史和社会的荒谬看法。"⑤

党外的思想舆论斗争针锋相对，党内的"左倾""右倾"思想路线时刻威胁着革命事业，党不得不正本清源，着力反对"本本主义"和"经验主义"。错误的思想理论尤其是党内的错误思想理论对无产阶级

---

① 高放.特型社会主义政党俄国布尔什维克党异军突起 [J].中国延安干部学院学报，2015，8（2）：59-85.

② 周锡瑞，李皓天.1943 中国在十字路口 [M].陈骁，译.北京：社会科学文献出版社，2016：157.

③ 卢毅.延安审干运动中的国民党因素 [J].党的文献，2012（2）：83.

④ 张静如.中国共产党思想史 [M].青岛：青岛出版社，1991：290.

⑤ 周锡瑞，李皓天.1943 中国在十字路口 [M].陈骁，译.北京：社会科学文献出版社，2016：162.

革命事业的危害巨大。正如孟子所言："邪说淫辞，作于其心，害于其事；作于其事，害于其政。"在十月革命前的俄国主要表现在庸俗化马克思主义、走改良路线、放弃无产阶级专政等，这些偏离无产阶级革命路线的折中和无原则，正是资产阶级民主派所期望的。中国共产党的革命斗争史上，王明提出了"一次革命论"，把反帝、反封建、反资本主义一并进行，导致革命打击对象范围过大，客观上造成自我孤立的状态，直接导致红军第五次"反围剿"斗争的失利和此后的被迫长征。可以说，党内"左"倾教条主义几乎断送了红军和中国革命。

　　科学的社会主义理论需要人们去研究和有意识地传播，同时随着共产主义运动的发展，在公开的报刊杂志上进行论战等，成为对党员、干部、群众进行宣传教育的重要形式。无产阶级斗争实践需要催生了思想政治教育。作为理论斗争的物质载体，思想政治教育可以被从更加广泛的意义上理解为无产阶级意识形态与非无产阶级意识形态之间的斗争，这种斗争随着时代主题的演变侧重点各有不同。在革命斗争年代，以"政治鼓动"为最初表现形式的思想政治教育，其主要任务在于揭露黑暗势力的反动性、宣传马克思主义、鼓动群众的革命精神、批判各种错误思想等。从中国共产党的某些整风运动的任务中也可得印证①。当共产党取得政权以后，思想政治教育的主要任务由革命的批判，转为和平的构建。当前丰富和发展中国特色社会主义理论、构建社会主义的价值观理论、培养社会主义公民道德等成为思想政治教育新的历史任务。无论是革命时期还是建设时期，思想政治教育始终不变的使命是无产阶级阶级意识的促进和生成。

---

① 1943年4月3日中共中央在《关于继续开展整风运动的决定》中指出："整风的主要斗争目标，是纠正干部中的非无产阶级思想（封建阶级思想，资产阶级思想，小资产阶级思想）与肃清党内暗藏的反革命分子。"中共中央文件选集：第14册，29－30.

（二）本质为何：以社会主义为内容的精神生产、再生产

深刻地全面地理解思想政治教育，必须回到历史唯物主义精神生产和再生产理论视野中去。历史唯物主义的实践原则要求从现实出发而不是从观念出发来理解事物及其产生和发展。人类历史的第一个前提是"现实的个人"，而不是抽象的自我意识。而"现实的个人"要想创造历史，是要具备一些客观条件的。人要能够生存，首先必然要生产出物质资料供自己消费以维持生命。物质财富的生产是第一种形式的生产。生产劳动需要有相应的劳动者，因此人要进行自身的生产——繁育后代。人类自身的生产是第二种形式的生产。人自身的生产过程，也是最初的社会关系——家庭关系的诞生过程。随着生产的扩大以血源性和地域性为基本特征的家庭关系被打破，形成更加广泛的、非血缘性的新的社会关系。社会关系的生产可以被视作第三种形式的生产。第四种生产是人类的精神生产。

最初的精神生产表现为人们物质生产活动中产生的语言、意识、精神交往等。后来，随着语言尤其是文字的产生，精神生产更多地是以"某一民族的政治、法律、道德、宗教、形而上学"等某种特定形式表现出来。① 精神生产最初是和物质生产直接统一的，随着社会分工的不断扩大，脑力劳动和体力劳动分工的完成使得精神生产具有了相对独立的形式和性质，也使得社会产生了专门从事精神生产的阶层包括最初的思想家和僧侣，后来的诗人、学者、意识形态家，等等。在资本主义社会以前，精神生产数量、种类、作用都十分有限。几次科技革命以后，精神生产对于社会积极的推动作用，在现代社会表现得尤为明显。如科学技术对生产力的促进作用、繁荣的文化对社会文明的引领作用、优质

---

① 俞吾金. 作为全面生产理论的马克思哲学 [J]. 哲学研究，2003（8）：16 – 22.

的思想政治教育对社会政治生态和社会善治的促进作用，等等。

宏观上讲，人类精神生产的内容极为丰富，涵盖了人类意识活动的一切样式。"在马克思那里，精神生产主要包括意识、宗教、政治、科学、艺术、技术等内容形态。"① 由于精神生产受到物质生产的影响和制约，在以商品生产为主导生产方式的社会，精神生产大致可以分为商品化的精神生产和非商品化的精神生产。商品化的精神生产，包括电影、电视、音乐、图书等文化商品的生产。此类精神生产伴随着脑力劳动的物化。而以下几种类型的精神生产则没有脑力劳动的物化，劳动以服务的形式出现，劳动过程即是消费过程：如音乐会、演唱会等商业化的文化活动；私立学校的教育、职业培训、有偿课外辅导、执业资质培训等市场化的教育产业；企业资助的科学研究和技术创新等。非商品化的精神产品生产，可以分为宗教活动、公立学校教育、意识形态的宣传教育、国家支持的科学研究和技术创新、私人性艺术创作等活动。

学科内已经有学者从精神生产的角度理解思想政治教育的本质，不过没有强调无产阶级精神生产的自我解放性质和作为社会主义观念上层建筑构建活动层面的含义。比如："思想政治教育在本质上是一定阶级、社会和组织传创社会核心价值，确证、实现和发展社会成员自我价值的历史性精神生产实践活动。"② 思想政治教育属于非商品化的精神生产，因其不是以交换为目的的精神生产。思想政治教育当中的理论研究工作，是对无产阶级革命建设经验的总结，是对生动广泛的社会实践的理论提升，为社会发展和文明进步提供精神力量和理论说明，因此，可以被直接归为精神生产的范畴。而思想政治教育同时也是科学理论的

---

① 林岩. 马克思精神生产理论研究［D］. 济南：山东大学博士论文，2015：59.

② 李忠军，牟霖. 思想政治教育本质认知理路探析［J］. 思想理论教育，2012（7）上：40－44.

普及推广过程，是将一定无产阶级的思想、道德、法律等精神产品再次对象化，变成普通民众自觉的价值追求、理想信念和行为规范，随着其教育效果的显现——人的思想认识和行为方式的改变，便实现了完整的教育过程。无产阶级思想意识的理论研究和教育是为了扬弃以私有观念为核心的剥削阶级的意识形态。因此其性质是促进人的思想解放而不是对人的思想的麻痹①和禁锢。同时，必须将作为精神生产、再生产的思想政治教育放置于人类社会丰富多样的实践活动中去理解。

深刻把握四种社会生产的不同地位，应充分重视精神生产与物质生产、社会关系的生产和人的自身生产之间的相互关系和相互影响。"一般说来，精神生产在全面生产中处于被奠基的、最高的层面上。"② 就思想政治教育而言，教育的直接目的是促成无产阶级阶级意识的形成和发展，是社会主义的观念上层建筑的建设活动，因此属于精神生产和再生产的范畴，而思想政治教育深层目的在于为无产阶级政党赢得更加广泛和牢固的思想基础和群众基础，从而塑造新的良性的无产阶级政党和人民群众之间的社会关系，一定程度上扬弃阶级压迫的社会主义的政治关系，因此，作为精神生产的思想政治教育，对社会关系的再生产有着直接的影响作用，以至于"每一次革命都是以激烈的批判工作，以及在群众中传播文化和思想为先导的"。③ 可见，"我们应清楚地看到并高度重视思想政治教育作为'精神生产力'在现时代以及未来社会发展中日渐凸显的重要作用。"④

---

① 马克思曾经将宗教比喻为人民精神的鸦片，以说明剥削阶级意识形态对人们思想麻痹的性质和作用。
② 俞吾金. 作为全面生产理论的马克思哲学 [J]. 哲学研究，2003（8）：20.
③ 葛兰西. 政论. 葛兰西文选 [G]. 李鹏程主编. 北京：人民出版社，2008：6.
④ 曹祖明，李建德，吴照峰. 哲学视野下的思想政治教育 [M]. 西安：西北大学出版社，2012：139.

将思想政治教育理解为人类的精神生产和再生产，是真正坚持历史唯物主义基本原理的要求。正如有些学者指出的那样，由于马克思的精神生产理论不像物质生产理论那样被详细地、系统地论述和展开，特别是由于时代的局限，教育科技、文学艺术等在经济社会发展中影响力较弱等，精神生产理论长期没有得到应有的重视。因此，思想政治教育学的理论研究，也缺乏对思想政治教育与精神生产之间内在必然性联系的深刻而系统的阐述。事实上，简单地用属加种差这种形式逻辑的定义方式，直观地把思想政治教育套进"某某样的"实践活动的公式，犯了当年"人是两脚无毛直立行走的动物"一样的错误。对思想政治教育的认识只能说是达到了单个活动的"感性直观"，而根本没有深入实质，当然也不可能得出具有原则高度的结论。因此，对思想政治教育的实质、思想政治教育与其他几种社会生产的关系将很难得到有效的科学的说明；思想政治教育的历史内容和实践基础也丧失了现实性的根基，造成了一种形式化、空心化、泛化的不健康的发展趋势；结果是对思想政治教育的规律性和必然性的把握失去根基。思想政治教育极容易脱离社会现实，被抽象地并且孤立地理解一种精神现象和精神活动，从而失去发展源泉和生命活力，并最终导致意识形态的漂浮。

（三）价值何在：促进人的思想解放和全面发展

实践活动是具体的人的活动。从事某种实践活动的人是有意识、有目的有主观意志的人。主观方面是构成实践活动的核心要素，在分析和理解具体的实践活动时不能被忽略。因为，作为实践活动的主观方面的目的，规定着人的实践活动本质和性质，人的实践活动的目的不同将构成不同质的社会实践活动。日本侵华期间臭名昭著的"731部队"所从事所有以杀戮为目的的"实验"都不是"科学研究"。因其罪恶目的这样一个主观方面的因素，决定着其所进行的所有和"医学科学"形式上相一致的活动，都不属于"医学"而属于"犯罪"。将思想政治教育理解为马克思主义的思想意识的精神生产和再生产，是因为思想政治教育的根本目的是满足人们的精神发展的需要，启发人们的社会主义思想觉悟和道德意识，促成人的思想从剥削阶级的意识形态中解放出来，进而促进人的自由全面发展。因此，无产阶级的思想政治教育与一切剥削阶级的意识形态工作之间存在的质的区别，一定不能一概而论。两者不是"个别"与"一般"的关系，而是"是"与"非"的关系。

也就是说思想政治教育是为了促进人的解放和发展而进行的科学理论的宣传和教育，其核心品质是真实性和真理性；而剥削阶级的意识形态工作则是为了维护本阶级的统治进行的思想上和政治上的掩饰和欺骗，工具性和虚伪、虚假性是其固有特征。"封建君主专制时期的'国民教育'以培育'驯服的臣民'，维护封建统治为宗旨和价值追求。"① 早在古希腊时期，亚里士多德就曾经对剥削阶级的政治教育的虚假性做出过描述："他们先迷惑群众。群众既已受骗，他们就力图永久维持所树立的体系。有时在欺诈骗得了民众的信任之后，也可以继续行使另一个欺诈，一次又一次地迷惑国人。"②

尤其是到了资本主义时代，资本主义国家的意识形态工作逐步确立起了商业化运行模式，呈现出"商品化""雇佣化""职业化"的特点，无论在教育内容上还是在教育目的上，都是为资本及其人格化代表资本家服务的。"资产者的假仁假义的虚伪的意识形态用歪曲的形式把自己的特殊利益冒充为普遍的利益"③。"他们所说的自由就是少数人谋

---

① 傅安洲，阮一帆，彭涛. 德国政治教育研究［M］. 北京：人民出版社，2010：208.
② 亚里士多德. 政治学［M］. 吴寿彭，译. 北京：商务印书馆，1965：247.
③ 马克思恩格斯全集：第3卷［M］. 北京：人民出版社，1960：195.

求暴利的自由、发财的自由、商业周转的自由"。① 鉴于此，不能将我国社会主义的思想政治教育等同于一般的剥削阶级的"政治宣教"。无论两者在形式和手段方法上有多少共通性，都不能不加区分。否则，将会对无产阶级意识形态工作自身的性质和目的做出错误的理解和判断。马克思早已点出不从"主体方面去理解"事物是从前的一切唯物主义的主要缺点。主体方面，一方面是从事具体活动的人，一方面是人的目的。无产阶级的思想政治教育主体是无产阶级政党和为党工作的知识分子，目的是促进人的解放尤其是思想解放。

性质反映着本质。因此，思想政治教育应该是指认无产阶级意识形态工作的专属概念，任何形式的泛化都是错误的，并且是暗藏危害的。如果不加区分，容易导致把思想政治教育的根本目的与教育的方法分割开来，就方法本身思考方法，仿佛思想政治教育就是一般的意识形态的说教工具。社会主义的思想政治教育有工具性的一面，要为社会整体政治、经济、文化、社会治理等服务，但是，"其根本的目的是促进帮助人们形成真理性的认识，使现代无产阶级意识到自身的地位和需要，意识到自身解放的条件"，② 并进而为谋得自身和全人类的解放积极创造条件，因此，思想解放是思想政治教育的本质属性。

如果从精神生产的角度解释将更加直接。社会主义生产的目的是满足人民的物质文化需要，而作为精神生产形式之一的思想政治教育，也应如此。而精神生产又有其自身的特点，就是从内容上讲要一定的超越性。所以，思想政治教育与人民的精神需要之间不是简单地需要与满足关系，而是满足与引领并存。思想政治教育一定程度上是以先进的科学

---

① 列宁全集 ［M］. 北京：人民出版社，1986：124.
② 马俊峰. 价值论研究对当代马克思主义哲学发展的意义 ［J］. 马克思主义与现实，2014（1）：55.

的社会主义思想意识逐步淘汰落后的剥削阶级的思想意识，培育社会主义性质的独立人格和政治判断力，实现人的自我发展和自我完成，并最终促进人的自由全面发展。

不得不特别指出的是，从最根本意义上讲，"个人在精神上的现实丰富性完全取决于他的现实关系的丰富性"，"每一个单个人的解放程度是与历史完全转变为世界历史的程度一致的。"① 思想政治教育只能在有限的范围内主要是思想认识方面丰富人的精神世界，实现人的思想解放。而且"抵制资产阶级意识形态对无产阶级思想的侵蚀将是一场长期的斗争。"②

四、思想政治教育实践本体论原则的内容

思想政治教育实践原则首先应被置于本体论层面，理解为思想政治教育始终坚持从人的感性—对象性活动即实践的角度理解全部社会存在包括思想政治教育本身。因此，要回答以下几个问题：思想政治教育是做什么的、谁来做的、怎么做的、怎样评判做得好与坏、自身如何实现发展等几个非常重要的基本问题。

（一）一致性原则：思想政治教育旨在谋求党的内外一心

思想政治教育的"一致性原则"是指思想政治教育活动是以谋求党和人民群众以及党组织内部的思想上和感情上的团结统一为首要原则的政治性教育活动。如果不能做到"凝聚共识，汇聚力量"，思想政治教育将失去其存在的根据和价值。列宁曾明确地表示："没有思想上的

---

① 马克思恩格斯文集：第1卷［M］．北京：人民出版社，2009：541.
② 顾海良．马克思主义发展史［M］．北京：中国人民大学出版社，2009：361.

46

统一，组织上的统一是没有意义的。"①

　　基于实践原则的思想政治教育创新研究，需要坚持历史唯物主义的实践观点回答思想政治教育是干什么的，答案是思想政治教育是要巩固党自身团结以及党和人民群众团结的。马克思说"要扬弃私有财产的思想，有思想上的共产主义就完全够了。而要扬弃现实的私有财产，则必须有现实的共产主义行动"②。党领导的人民军队的政治工作三大原则官兵一致、军民一致、瓦解敌军，就其实质而言就是在思想上、政治上，增强我军内部、军队与民众之间的一致性，降低敌军内部的一致性。思想政治教育作为党的思想工作的主要渠道，就是"把党的理论和路线方针政策变成人民群众的自觉行动，及时把人民群众创造的经验和面临的实际情况反映出来，丰富人民精神世界，增强人民精神力量。"③ 可见，思想政治教育使命任务可概括为"凝聚人心、汇聚力量，为共产主义而奋斗"。它所要解决的主要问题是党组织内部以及党和人民群众之间的思想上的共识性、情感上的共通性、政治上的一致性、行动上的协调性的问题。因此，"一致性"原则是思想政治教育实践原则的第一要义。如1929年《古田会议决议》中第一部分明确指出红军第四军的共产党内存在着各种非无产阶级思想，并号召同志们起来彻底地加以肃清。

　　从思想政治教育所要解决的问题中，可以抽象出思想政治教育的基本矛盾——改造与被改造的矛盾。具体而言就是思想政治教育活动中"以无产阶级政党的理论、路线、方针、政策为代表马克思主义"的"一"改造和战胜各种形式的非马克思主义的"思想观念、政治觉悟、

---

①　列宁全集：第5卷［M］.北京：人民出版社，1986：247.
②　马克思恩格斯全集：第3卷［M］.北京：人民出版社，2002：347.
③　中共中央宣传部.习近平总书记系列重要讲话读本［Z］.北京：学习出版社、人民出版社，2016：194.

价值观念、行为习惯"的"多"之间的矛盾。仅就中国共产党的革命和建设实践而言，党的思想政治教育的基本矛盾中"一"主要内容是以马克思主义为代表的社会主义及共产主义思想意识。基本矛盾中的"多"是形形色色的非马克思主义思潮。这些非马克思主义的思潮，就其阶级性质而言，既包括传统社会所遗存的封建主义思想和小农意识，也包括自由主义等资产阶级思想、民主社会主义思潮等等不一而足，归结为一点以"私有观念"为核心的诸理论形态。这些思想意识的理论表现形式不胜枚举，如前一时期被集中批判的历史虚无主义、精致利己主义、普世价值等。无产阶级革命需要在工人阶级中产生出必须实行根本革命的意识即共产主义意识。只有在工人阶级和广大人民群众中产生出共产主义意识，才能使得共产党的指导思想、价值追求、政治理想得到最大范围的理解和认同，从而为党的革命和建设事业谋得精神和心理支持。

意识形态性质的"马克思主义"和"非马克思主义"之矛盾斗争不过是不同阶级和阶级利益之间的矛盾冲突的思想表现。思想理论上的矛盾斗争从根本上讲是政治权利和经济利益在观念层面的延续而已。革命战争年代表现得尤其激烈，而和平建设时期表现得相对平缓。但是，作为思想政治教育的基本矛盾始终存在。一是就现阶段社会主义中国而言，由于意识形态自身的相对独立性，以"私有观念"为核心的剥削阶级的意识形态广泛残存于社会各个阶层之中，历史唯物主义的思想意识、社会主义的价值观、集体主义的伦理规范还处在缓慢地培育和发展当中。二是国际上意识形态的斗争激烈而持久。以美国为首的西方国家没有一刻放松过对社会主义中国的意识形态渗透。三是资本的逻辑依然是我国当前社会重要的现实力量。民营经济、个体私营经济是其主要物质承担者。

有一种观点认为，思想政治教育的基本矛盾是"一定社会、一定阶级对人们思想政治品德要求与人们实际的思想品德水准的矛盾"①。"对上述特殊矛盾的研究，也就是对人们现有的思想政治品德状况和特点怎样、如何把人们的思想品德从现有水平提高到社会要求的应有水平上来这个问题的研究。"② 此种观点受到了质疑。有学者指出了"提高说"，把矛盾双方落后、先进和接近的三种可能性关系直接断定为落后的关系。③ 可以看出，在"提高说"的理解思路中包含着逻辑错误。它已经提前暗含了一个假定：人民群众的思想觉悟是低的，一定社会、一定阶级所期望的思想觉悟是高的。思想政治教育就是去提高群众的觉悟，并使之达到一定社会所期望的那样。这个假定是独断的，并且因而是不科学的。即便是在当代社会主义中国，不少群众信奉勤俭节约，而商业资本为了实现商品的价值，却千方百计鼓动人们去奢侈浪费，从而制造出大量虚假的需要。比如，商家每年出一款使用价值相似的所谓新款手机，经不起诱惑的年轻人就跟着一年换一部，不管自己原来的手机能否正常使用。显然，勤俭节约的道德水准是高于奢侈浪费的。从勤俭节约提高到奢侈浪费也是荒谬的。此外，社会所期望的道德水准高与低是相对的一个概念。理论上讲，社会希望每个人都是圣人。但是，事实上单凭思想政治教育是无法到达如此高的高水准的。

马克思主义理论坚持历史唯物主义的世界观，且具有鲜明而强烈的阶级立场，这样的世界观和阶级立场必须在思想政治教育工作和思想政治教育学中得到充分而完整地贯彻和落实。明确的内容和科学的性质等实质性要素是思想政治教育不可或缺的组成部分，对思想政治教育起到

---

① 张耀灿，郑永廷，吴潜涛. 现代思想政治教育学［M］. 北京：人民出版社，2006：6.
② 同上.
③ 李月玲. 科学实践观范式下思想政治教育价值研究［M］. 北京：人民出版社，2015：89.

规定作用，不可被抽象掉。因此，思想政治教育不能被泛化为剥削阶级的意识形态的构筑，而是要对两种不同性质的"政治教育"从概念开始加以严格区分，否则源头处的错误将引起整个思想政治教育理论大厦的倾斜。也就是说，只有无产阶级的思想政治教育才能够被称作"思想政治教育"，历史上其他的剥削阶级的政治宣传和教化均不应该作为"思想政治教育"概念的外延。因为无产阶级的思想政治教育与以剥削阶级意识形态为主的政治和道德教化之间是有着本质区别的。

这种区别，在内容方面体现为真与假的；在性质方面体现为禁锢与解放。剥削阶级的政治和道德教化内容上主要是剥削阶级的意识形态，对于思想政治教育而言不是真理而是谬误。其目的是禁锢人民的思想自由，为本阶级剥削和统治提供辩护。通过剥削阶级意识形态的灌输，实现与其政治统治相配合的同步的精神统治，欺骗性和虚伪性是其固有特征；而无产阶级的思想政治教育内容上是马克思主义及其后续理论成果，是思想政治教育所信奉的真理，目的是促进人民的思想自由，打破一切剥削阶级意识形态的垄断，塑造和培育出社会主义的思想意识和道德情操。

中国共产党领导下的思想政治教育，必然意味着坚持历史唯物主义的世界观、无产阶级的阶级立场、服务人民的政治态度和共产主义的理想信念。[1] 尤其是在现代社会，包括资产阶级在内的剥削阶级的意识形态不断向马克思主义发起挑战，极端的个人主义、利己主义、新自由主义等大有沉渣泛起之势。这些正是社会主义的思想意识培育过程中的对手和敌人。试图涵盖所有社会形态中的"政治教化"的思想政治教育，概念上高度抽象，并且虚化掉了马克思主义等基础性的实质内容。结果

[1]　白显良. 论在思想政治教育中坚持马克思主义立场、观点和方法 [J]. 思想教育研究，2014（2）：54.

必然是失去自我，变得立场不明，内涵不清，进而失去了思想政治教育固有的思想和理论斗争的属性。

（二）主体性原则：教育主体有责任主体和实质主体之分

思想政治教育的主体性原则，是指思想政治教育作为无产阶级的精神生产、再生产活动是由具体活动中的人在一定的条件下开展的，主体的目的反映着思想政治教育的目的，主体因其创造性作用而成为实现教育目的中最活跃的因素。思想政治教育活动中主体及对象的思想认识变化的过程是教育活动具体展开的过程。思想政治教育活动是现实的人在具体历史条件下开展的有意识、有目的政治性教育活动。

与一般意义上的实践活动一样，思想政治教育活动中的"人"以及"人与人之间的相互关系"问题，时常是以思想政治教育主客体以及主客体关系等包括后来的主体间性等形式出现。因此，要对思想政治教育活动的主体及对象进行考察。思想政治教育的主体和对象，不是具有某些共同特点的人，而是动态性的具体的活动着的人，只能在实际具体的教育活动中具体地分析。如果说存在着某种实体性的思想政治教育主体和对象的话，只能从法学意义上即从人为地制定出的社会规则的角度，规定出思想政治教育的责任主体及对象。

为了避免诸如受教育者是不是主体等无谓地争论，必须先对思想政治教育工作和思想政治教育活动两个概念加以区分。思想政治教育工作是一个法学概念，即是说思想政治教育工作是社会主义社会劳动分工中的一种劳动形式，或者说是社会职业当中的一种职业。其主要工作内容是按照法规制度对党员、学生、群众等人员，组织开展马克思主义理论的讲授、社会主义核心价值观的宣传、党的代表大会精神的传达等教育工作。权利和义务是理解法学意义的思想政治教育工作及所涉及的

"人"的基本线索。因此，思想政治教育工作的主体及对象，是制度规定下的责任主体及对象。责任主体是指从权利和义务的角度考察具体思想政治教育工作中的责任人及其履行职责活动。思想政治教育工作的责任主体包括：各级党委、党的宣传部门、军队的政治干部、高校政治理论课教师、辅导员等。无产阶级的执政党是思想政治教育的最高责任主体。就目前我国的实际情况而言，作为重要社会政治力量的中国共产党是思想政治教育活动存在和发展的最终决定力量。思想政治教育活动必须以党的意志为意志，为巩固党的组织领导和思想领导服务。

思想政治教育活动是一个哲学概念，指的是无产阶级及其政党以生产马克思主义意识形态为目的，借助一定的方法手段，对确定的对象实施的思想塑造活动。是否产出了马克思主义的思想意识是思想政治教育的判断依据。沿着这样的思路，思想政治教育活动的主体是和法学意义上即责任主体有区别的实质性主体。凡是对特定对象实施了生成马克思主义思想意识教育活动的人都是思想政治教育的实质主体。具体而言，实质主体满足以下三个条件：一是有明确的教育目的，二是实施了教育活动，三是活动结果是生成了马克思主义的思想意识。思想政治教育的实质主体，可以是个人也可以是组织。与责任主体相对应教育对象可以被称为责任对象。与实质主体相对应的教育对象可以被称为实质对象。

思想政治教育工作中的有效劳动部分构成了实质性的思想政治教育活动。思想政治教育活动可以存在于非责任性的其他社会活动当中。以往的研究常将思想政治教育和思想政治教育工作这个概念混淆使用，思想政治教育主体也因此不加区分，由此，才引发了思想政治教育主体、客体讨论的混乱现象。马克思主义对主体的理解一向是遵循着唯物主义的实践原则，将"从事实际活动的"人理解为主体。人们所从事的实际活动，最基本的内容是社会生产。从事实际活动的人，是处于一定社会关系中的人，而不是孤立的、抽象的人。因此，主体的社会性和历史性是所有关于主体的性质和特征的研究的基础。①

思想政治教育主体的科学地确立，是进一步研究主体性或者说能动性的基础。沿着权利和义务的线索分析，思想政治教育工作的责任主体是组织者，发挥着发起组织引导示范等作用，因此，在工作中处于主导地位，发挥主导作用；教育工作的责任对象，按照规定参加党、团、党校教员等组织或个人组织的理论学习、参观见学等事项，参加到了思想政治教育工作中来，起到配合作用。相对于责任主体而言，他们是思想政治教育工作的对象，可以是高校的学生、连队的战士等，处于从动地位，发挥从动作用。而从哲学的角度来看，思想政治教育实质上就是人们的马克思主义思想意识的生成活动。教育的实质主体是所有向往和信仰共产主义、社会主义且采取相应的教育宣传、学习实践、思想改造、自我修养等活动且达成或者逐步达成目的的人。

显然，思想政治教育两种性质的主体及对象可能是一致的。如党员干部、高校政治理论教员、团支部书记等，当他们按照规定履行教育职责并同时进行了思想上的自我改造时，他们既是责任主体同时也是实质主体。思想政治教育两种性质的主体也有可能是不一致的。比如孩子的家长、大学生的朋友、某党员的同事等。按照规定他们没有对别人进行思想政治教育的责任，因此，他们不是责任主体。但是，如果他们有意识地对特定的对象进行马克思主义相关思想、道德、政治立场的灌输或者进行了自我理论学习和自我修养时，他们就实质性地对他人或自己开展了思想政治教育，并因此成为思想政治教育的实质主体。可见，思想政治教育主体及对象，并不能从主体的直观形式去理解，而应当从具体的感性的对象性的活动去理解，就像一个小幽默所说的那样"骑白马

---

① 俞吾金. 马克思主体概念新论 [J]. 江苏社会科学，2006（5）5：1-5.

的不一定都是王子，也有可能是唐僧"。同理，组织开展思想政治教育课的人不一定都是教育的实质主体，他有可能仅仅是作为责任主体出现，完成工作并获得薪酬而已。坐在座位上听的不见得都是实质性的教育对象，他有可能只是按照制度规定参加了教育尽了受教育的义务而已，而思想上并未有多少实质性改变。

思想政治教育工作中责任性的"主体和对象"的关系，不是一般的以知识传递为教育内容的学校教育中教师与学生的关系，而是一种政治性的社会关系。这种关系是派生性的，从根本上讲，取决于党和人民群众的关系。社会主义国家里，"思想政治教育与其说是一种统治和控制的工具，不如说是促进人民群众主体意识觉醒，帮助人民群众树立当家做主权利意识的手段。"① 由于各自的职责不同，具体工作中往往是责任主体发挥主导作用，因为，他们有责任组织开展思想政治教育活动。

对思想政治教育工作和思想政治教育活动、思想政治教育实质主体及对象和责任主体及对象做出区分，意义有三。一是可以更加简明地解释一些思想政治教育中的现象，比如自我教育中的主体以自我为对象的问题；二是进一步扭转"主客两分"思维遗留下来的带有机械论色彩的思维定向，为教育责任对象的主体地位提供更加有效的说明；三是简化掉教育者和受教育之间所谓"主体间性"概念的引入。此概念的引入丝毫无助于准确说明"教育的不同主体"之间关系问题。因为，所谓主体间性，本是一个似是而非的概念。现象学中"主体间性"实际上只说出了一个事情——主体之间是有关联的。至于这样的关联是什么关联，它没有任何实质性的规定。而主体间性关系的建立基础是什么

① 段文灵. 论思想政治教育与"实践人学"思维［M］. 北京：军事科学出版社，2012：17.

呢？推己及人的类比联想，一种先验的直觉。因此，离开了具体的教育活动，即便是用我们代替了我，依然不能准确说明，思想政治教育中不同主体间之间现实的关联，即主体是如何从单数的我变成了复数的我们的。

理论研究，不能在不同的逻辑前提即工作或教育中，对不同性质的主体和对象做出抽象地框定和分析，进而交错地讨论他们之间的关系。如果是这样，所谓思想政治教育主体客体概念还不及经验性质的"教育者和受教育者"的概念方便有效。前者所带来的更多是逻辑上的混乱，使问题越解释越复杂而不是越解释越清晰简单。从根本上说，还是因为没有搞清楚思想政治教育是什么，所以，思想政治教育中的人以及不同的人之间的相互关系无法得到科学地理解和说明。最后往往只能要么空洞地规定为"人"，要么混沌地规定为主体间性，以致最后有学者甚至质疑起了有关主体、客体的讨论的意义。

（三）相关性原则：主体及对象内在相关是以知促行的前提

思想政治教育相关性原则是指能够与思想政治教育的主体及对象建立起"心灵和利益"的双重的内在关系的活动，才能构成实质意义上的思想政治教育活动，否则有可能只是完成了作为工作的思想政治教育，而没有完成作为生产马克思主义思想意识的思想政治教育活动。

有学者提出思想政治教育存在着三个方面的基础理论难题"科学内容的教育能否培育出价值目标问题、社会意识形态如何内化为个体意识的问题、知识教育如何指导实践行为的问题"① 这三个问题实际上可以合并为一个问题：以认识论方式处理本体论的问题，多大程度上是可行的？也就是说，思想政治教育在承认知行可以转化的前提下如何最大

---

① 李辉. 论思想政治教育的基础性理论难题 [J]. 思想教育研究，2013 (11)：8 – 11.

限度地以知促行。

　　思想政治教育的主体可分为责任主体和实质主体。思想政治教育工作中具体的组织者与参与者，不必然是实质性地教育者和受教育者。也就是说，思想政治教育工作的有效开展实现教育目标需要一定的条件。那就是思想政治教育的目标、内容、方式等各个方面各个环节必须与教育活动中的人建立起"利益与心灵"的双重关联。思想政治教育内容上能够代表教育者和受教育者共同的心声，他们在教育活动中精神上都得到满足。思想政治教育能够得到组织者和参与者的共同认可，使得双方能够在自由宽松的环境中实现有效的精神交往、情感交流、意志互动，实现教育者和受教育者共同的向着社会主义方向的思想改变。否则，教育活动只能是外在于主体及对象之外的任务或者要求，而与个体意识和生命体验无关，被置于一种漂浮的状态之中。判断是不是思想政治教育实质主体及对象，根据的是活动中的人是否投入其中并有所作为，而非诸如"党支部组织委员""宣传干事""党员"等身份标签，因为这些标签只适合规定出思想政治教育工作层面的责任主体。可见，思想政治教育相关性原则的实质是教育主体、对象与他们所实施的教育活动实现真正的统一，而不是完全靠责任或规定强制性地结合。

　　思想政治教育被从两大方面赋予了重要的使命任务：一是通过统一思想认识、阶级情感来协调政治立场；二是通过德性知识教育来塑造个体的社会主义道德情操。其实质都是以知促行。知和行之间并不会直接转化，而是至少需要三个基本的环节：由不知到知、由知到行、又由行再入深知。而在这些环节都需要有思想政治教育主体及对象真正意义上的置身其中。我有学的需求；教育与我的所做、所闻、所感基本相符，因此，是真实的可信的；通过教育，我有所收获、有所提高、有所增益。唯有有效满足教育对象在认知、情感、意志等诸多方面的感性需求并能够进一步启发自觉，思想政治教育才具备了实现知行合一的条件。

　　教育活动若被称为实践活动，必须符合实践活动的一般特征，那就是，有人及其感性意识参与其中。主体及对象参与到教育活动中，意味着主体及对象与教育本身发生客观的必然性的关联。产生这些关联的基础，在于教育活动可以满足教育活动中的人的精神需要、符合其感性意识、可以促进其思想认识的进步，总之，思想政治教育活动必须"与我有关"，对我有意义。"与我无关"的思想政治教育对我而言是没有意义的教育，因而这样的教育实质上是一种非存在。由于思想政治教育活动中的教育者和受教育者都有自己的主观意志和选择的能力，所以，思想政治教育相关性原则所提示出的规律，可以形象地表述为：思想政治教育不能是"一厢情愿"的教育，而一定是"两情相悦"的事情。

　　目前，思想政治教育活动与教育主体及对象之间的关联，可归为两种：一是利益相关，二是心灵相关。利益问题主要涉及人的生存，心灵问题主要涉及人的自由。如果这两种相关性能够在思想政治教育活动中实现高度一致，教育者和受教育者将与教育活动融为一体实现统一。如果两者出现分离，那么利益相关会体现出优先性来。也就是说，出于功利教育工作的责任主体也会开展教育工作，教育者和受教育者便并非出于意志自由而主动地进入教育中来。教育责任主体出于职责以及职责背后的分工和薪酬，相应的教育对象出于纪律要求或者纪律背后强大的社会力量。可见，思想政治教育在工作层面上与教育者和受教育者之间的利益相关性重于其与教育主体的心灵相关性。这意味着思想政治教育责任主体更多地是出于责任而完成工作，至于在化育灵魂方面有多大效果，表现得就相对次要了。于是，现实中经常出现一些看起来颇为矛盾的现象：该做的教育工作都做了，而预期的效果不见得一定实现。所以，好的思想政治教育工作是能够以知促行的教育。为了更好地以知促行，思想政治教育应与教育者和受教育者实现利益和心灵双重关联，而不是外在于人的不得不为之的"教育"。

内在相关是教育内容内化的基础，而内化尤其需要教育对象充分调动自身的积极性、主动性、意志力，进行不断地自我修养。因为受教育者自觉地学习和修养是实现效果的重要环节。对此，中国共产党是有着深刻认识的，早在延安时期刘少奇同志专门写了《论共产党员的修养》的小册子，用以阐发相关理论和方法。

（四）对象性原则：改造对象意味着思想政治教育的实现

思想政治教育对象性原则意指思想政治教育活动是教育主体及对象将自身本质力量对象化的过程。对象化的结果表现为沿着社会主义的方向实现了对教育者和受教育者思想、情感以及行为的培养和塑造，同时意味着党组织内部以及党和群众之间的观念形态的一致性关系的优化。通过思想政治教育党能够获得更多思想上的认同、行动上的支持，从而巩固了团结带领各族人民共同奋斗的思想基础和群众基础。可见，教育对象的改造和党的执政环境的优化是同一历史过程。

比如，延安时期，通过党的教育许多国统区青年学生，认同了中国共产党的思想路线和政治纲领，走上了革命道路，逐步转变为无产阶级的革命战士。党的队伍因此得到壮大，革命力量得到增长，国民党的统治力则相对下降。可见，成功地改造对象巩固党的思想基础和群众基础、优化党的执政环境是思想政治教育的价值之所在，否则，便无所谓思想政治教育。历史上，正是由于思想政治教育宣传了革命真理，武装了人民群众的头脑，为人们的革命斗争提供了强大的精神动力，密切了党和人民群众的思想、情感联系，发挥了强大的社会动员功能，中国共产党才将思想政治工作定位在生命线的高度，这不能不说是对作为思想政治工作重要组成部分的思想政治教育的价值的充分肯定。① 研究思想政治教育价值就是研究思想政治教育存在的意义。作为一种实践活动，合目的性是其必然属性。反过来讲，不能改造教育对象进而实现优化党的执政环境的教育活动都构不成真正意义上的思想政治教育，最多只是走了个形式而已。而且不可否认的是党史上某一特定时期内，思想政治教育走向了自己的对立面，成为党内以及党和人民群众关系的破坏者。

思想政治教育的实现，既需要发挥教育主体的能动作用，又要受到社会存在决定意识的基本规律的制约。从宏观上讲，思想政治教育是社会主义意识形态的培育和塑造过程。马克思主义的思想意识从无到有，从弱到强，必然伴随着与各种非马克思主义思想激烈的人心争夺战。因为以剥削阶级意识形态为主的非马克思主义思想在其所赖以存活的土壤没有完全消失之前，不会自动退出历史舞台。同一社会当中不同政治派别和社会力量之间在理论上的斗争、思想上的交锋已经证明了这一点。且落后的思想意识往往成为无产阶级革命和建设时期某些消极现象的精神避风港。因此，充分发挥思想政治教育的思想改造功能，充分发挥教育工作者的能动作用是无产阶级革命和建设过程中不可或缺的一环。

从微观上讲，每一个受教育者有着各自不同的成长环境和个性特征，教育者只有深入细致地做好准备工作及时准确地了解和把握受教育者，才能做到因人施教。受教育者尤其是广大党员、青年学生同样需要积极主动地进行自我改造，不断地认识自我、了解自我、反思自我，三省吾身，坚定信念、提高觉悟、加强党性修养、端正人生态度。思想政治教育毕竟属于精神性的活动，从最根本的意义上依然受制于社会存在。诸如共产主义道德等超前的思想境界和道德要求在尚不具备相应思想和群众基础的情况下，是不能被作为普遍性的道德标准而在全社会强

---

① 宋锡辉. 思想政治教育学元理论研究［M］. 北京：中央编译出版社，2012：70.

制推广的。

党的思想政治教育成功改造了对象，塑造出党和受教育者之间的良性社会关系是思想政治教育对象性原则的一层含义。思想政治教育对象性原则的第二层含义是在开展具体教育时，必须准确了解和把握对象。对象之所以被称之为对象是因为其独立性和客观性。对象是实际存在于主体之外，不同与主体，并且不以主体的主观意志为转移的事物。比如受教育者关于某种疾病的偏见、对故乡某种特殊的情感、内向型的性格特征等。这些偏见和特殊情感形式上都是主观的，而内容上都是思想政治教育必须正视和把握的。如果不了解受教育者，不从教育的实际情况出发，而仅仅从教育者的主观愿望出发，那么教育必然有失科学性。也正是由于对象的客观性，思想政治教育的必要性和价值才得以显现。如某些新兵严重的思乡情绪，可能会降低训练热情和训练效果，所以需要有效的思想政治教育加以宽慰和缓解。为了能够宽慰和缓解某些新兵的思乡之情，需要进一步了解、掌握该情绪的产生和诱发因素，比如内向型性格、单亲家庭、压力过大、身体不适，等等。因此，坚持深入细致地了解和准确把握对象是思想政治教育对象性原则内在要求。如果说改造对象是思想政治教育合目的性的体现，那么了解和把握对象则是思想政治教育合规律性的体现。并且此两者是高度一致的。离开对规律性的尊重和把握，目的性将失去根据，并最终沦为"一厢情愿"而无法实现。同样，离开了目的性，主体和对象之间无法建立起有实质意义的塑造性的关系，思想政治教育可能会失去方向，其功能和作用也将无从谈起。

（五）发展性原则：教育必须坚持不断自我扬弃和自我完善

思想政治教育发展性原则是指思想政治教育发展必定是在随着具体

历史环境的变化而不断批判和自我批判的结果。一方面，教育的各种构成要素都在持续不断的变化之中，教育不断进行着自我更新。另一方面，思想政治教育推动着社会政治文明、道德文明朝着社会主义的方向进步。教育自身的改变和外部环境的改变统一于具体的教育实践活动之中。

思想政治教育的发展过程首先意味着更好地促进马克思主义的传播与发展。也就是"马"不断扬弃和战胜"非马"的思想理论斗争过程。主要表现为理论形态的马克思主义的思想观点和非马克思主义的思想观点不断地交锋。从整体性的思想派别的角度看表现为两种不同的思想路线、政治策略、价值观点等之间的斗争。比如共产党党内教条主义与实事求是之间的思想路线之争，众多社会思想谱系中马克思主义和资产阶级意识形态之间的斗争，等等。总体趋势是相信共产主义的人越来越多，但也发生了诸如苏东剧变的局部复辟。思想政治教育随着人的思想认识的变化持续不断地改变。从党员、大学生等个体思想变化发展的角度，表现为不同人生阶段和个人境遇下持有不同的人生态度、政治立场、道德境界、行为作风等。

思想政治教育的发展过程同时是马克思主义理论不断传播、发展的过程。无论是党坚持马克思主义指导的科学性还是个体层面思想认识的深化都是不断地自我更新。马克思主义理论的宣传、教育、普及自其诞生之日起便已经开始。新中国成立使得马克思主义在中国社会获得了主导意识形态的地位。通过中国化、时代化、大众化而持续散发着真理的力量，并产生出诸如新民主主义理论、从新民主主义向社会主义过渡思想、社会主义现代化思想、中国特色社会主义理论等不同时期的具体的思想理论。且经过百余年的持续发展，马克思主义的思想已经在中国大地上深深扎根，成功塑造出了有别于中国封建主义传统文化的新的文化形态和话语体系。每个不同历史条件下个体的马克思主义理论功底、社会主义的理想信念、集体主义的价值追求等需要长时间的反复地学习修养实践锻炼。

经济社会的发展过程总体上决定着思想政治教育的发展，同时，思想政治教育的发展对经济社会发展起到一定的反作用。比如，十年动乱期间，思想政治教育作为观念上层建筑直接受到现实政治的决定和影响而不可能独善其身，因此，既没有根据社会真实状况，科学地总结出关于中国建设道路新的认识，也未能实时地批判"无产阶级专政下继续革命"等错误理论，尽到应有的积极的理论构建和坚持真理的责任，而是沦为工具性的传声筒和吹鼓手，并一度为"反革命"集团利用和操纵。改革开放以后，以经济建设为中心的社会主义初级阶段基本路线的确立和市场经济的蓬勃发展，使得思想政治教育不再是国家政治、文化生活舞台上的主角。广大教育工作者和研究者也自觉服从大局，主动让出了过度膨胀的社会控制力和思想影响力，退居书房。思想政治教育的平台从政治舞台变成学校讲台，思想政治教育变成了高校老师们教书做文章的职业。党组织内部的思想政治教育，也逐渐被从党的建设的方向去思考和研究。同时，"阶级斗争""思想改造"等概念用语的模糊化处理，加剧了思想政治教育学的知性化走向。但不可否认的是，这种知性化的教育一定程度上构成了对过度工具化的教育的批判，也是思想政治教育自我批判向前发展的必然结果。新形势下知性化的教育要实现新的发展，必然要受到来自社会政治、社会、文化和教育新的批判，从而不断自我更新，塑造出和经济、社会、政治发展相适应并能起积极作用的新模式。

思想政治教育达成目标产生持续性的效果，需要充分的教育时间作为保证。思想政治教育作为一种具体的实践活动，必然需要一些具体的感性条件，时间便是其中不可或缺的一个。因此有学者提出将思想政治教育时间作为思想政治教育的范畴是有一定道理的。思想政治教育拟将产生持续性影响力是通过一系列的步骤和环节完成的，每一个步骤和环节需要相应的产生发展时间，不是一蹴而就的。在这样一个量变过程中，受教育者的思想状况会不断发生变化，思想政治教育要能够跟得上这些变化而持续更新，结合受教育者的思想实际和发展形势而调整教育内容和改进教育方式，以更好的帮助受教育者向社会主义意识形态靠拢，树立起社会主义的价值观念。比如，一名战士从入伍到成长为三期士官，不同岗位、职务、任务，不同的人生阶段和人生阅历，他的思想需求和领悟能力也发生了巨大的变化。在这一过程中，党组织的思想政治教育要持续不断地将不同时间段的教育内容有机地统一起来，并结合他的思想实际合理地展现出来。只有这样才能做到贴近官兵思想实际，满足官兵实际精神需要，引导官兵思想发展，实现官兵思想认识价值观念朝着党所指引和代表的方向进步。

第二章

基于实践原则的思想政治教育三维解析

　　思想政治教育是人类复杂多样的社会实践活动中一种政治性的教育活动。对其进行科学的考察，应将其置于所处的社会环境和时代背景之中，而不能静观地孤立地研究这一种特定的社会现象。想要得到比较深刻的真理性认识，必然要将其放置于社会发展的整体性、基础性规律中加以把握。作为马克思主义理论的二级学科，思想政治教育学的研究不能完全以学校思想政治教育课教学为历史蓝本，而是应在马克思主义"哲学—经济—社会"批判的视野中将思想政治教育作为政治性的社会历史活动加以考察。

一、基于实践原则的思想政治教育本体论解析

　　有别于一般知识性的国民教育，思想政治教育是一种意识形态教育，政治性是其突出特征。在共产党由革命党转变为执政党后、中国社会主题由阶级斗争转变为社会主义全面建设后，思想政治教育从政治性宣传鼓动为主转变为以各类学校思想政治课教学为主。其教育性特征相对加强而政治性特征相对减弱。党内的思想政治教育多被从党建方向尤其是党的思想建设的角度加以考察，一定意义上使思想政治教育学研究内容和范围缩小。

（一）思想政治教育本质：无产阶级意识形态的生成活动

实践活动是人类所特有的活动。正是有了人类的实践活动，人类才走出了自然、摆脱了蒙昧、创造了文明，形成人类社会，创造了历史，因此，实践活动是人类特殊存在方式。动物是和自然界是直接统一的，自然法则是支配动物的唯一法则。而人的实践活动（以劳动为主要表现样式），在人与自然的关系转变中起到了决定性的作用。由于有了生产劳动，人的主体性凸显出来，自然成为人认识和改造的对象。原本自在的自然界，由于有了劳动的改造以及改造后的产品，而变成了人化的自然。同时，由于劳动，人摆脱了蒙昧产生了文化和历史。"人类的实践的存在方式，构成人与世界之间的独特的否定性的统一关系。"① 人类社会的发展就是人们不断地通过自己的实践活动，创造出不同于旧世界的新世界，从而否定了现存世界的现实性，为理想世界的现实化创造条件。也就是说人类活动不仅改变了人所处的环境，同时改变了人类自身。实践活动是人类社会存在的基础和发展的动力。

人类社会存在和发展的动力源自于人与自然、人与自身的矛盾以及对这些矛盾的解决。人与自然的矛盾，表现为生产力，而人与自身的矛盾表现为人与人之间的社会交往。人类改造自然的物质生产实践在全部社会发展中居于基础地位。"物质生活的生产方式制约着整个社会生活、政治生活和精神生活的过程。"② 由此可见，不同类型的实践在社会发展过程中发挥不同作用，处于不同的地位。思想政治教育活动只能被归为"精神生产"，是人类社会实现了脑力劳动和体力劳动的社会大分工之后的产物，因此，从根本上受到社会物质生产方式的制约。

---

① 孙正聿. 马克思主义辩证法研究［M］. 北京：北京师范大学出版社，2012：64.
② 马克思恩格斯文集：第2卷［M］. 北京：人民出版社，2009：591.

对于思想政治教育而言，只有从实践的角度去认识和理解，才能将其看作是一种特定形式的精神生产和再生产活动，从一个方面反映和表征着教育活动当中人的存在样式。如今，思想政治教育作为社会精神生产和再生产的劳动过程，大致分为两个环节。第一个环节是从社会实践中总结提炼出系统化的社会主义的思想理论，完成社会主义的理论生产。第二个环节是将已经成熟的理论成果推广普及到党员群众中去，变成他们的自我意识，实现社会主义思想理论的再生产。很显然，思想政治教育中的两个环节是同时进行的，且相互促进和影响的。理论提升工作需要有一定的物质生产生活实践以及在这些实践中所形成的人民群众的感性意识为基础。

中国共产党思想理论宝库中的毛泽东思想从内容上可以被看作是中国共产党领导的新民主主义革命的全部历史的理论表达。如其中有关党的领导的理论，真诚拥护中国共产党的领导是广大人民群众的心声，这是事实存在于广大群众心中的感性意识，因为在中国共产党的领导下，中国社会实现了政治上的解放、生产上的发展、社会上的进步。有了全面解放实践基础上的感性意识，自然有了党的领导理论。党的领导理论又进一步科学化和强化了人民群众拥护党的领导的感性意识。可见，党的领导及其理论不需要到中国革命和建设历史以及在这个历史过程中形成的感性意识之外寻找某种超越历史事实的合理性。寻求超验合理性的思路恰恰属于非历史的思维方式。

思想政治教育是改变人们的思想认识进而影响人们政治、道德行为的精神生产活动。这种活动得以有效开展，既要有主观的条件，又需要一定的客观条件，并受到政治风气、文化传统等诸多环境因素影响，既不是随心所欲的，也不可能是包治百病的。当反复强调思想政治教育是做人的工作的时候，这里的"人"显然不能被理解为单个人的直观即有某种共同的生物性特征的自然界的物种。这里的"人"一定只能是具体的现实的人，从事着一定形式的生产劳动，处于特定社会关系中，如统治阶级或被统治阶级，奉行某种类型的思想理论。这些人总体上与他们所从事的生产实践和全部的社会关系相一致，因为，"个人怎样表现自己的生命，他们自己就是怎样。"① "离开人的历史，就会把人的'存在'抽象化，把人与世界的现实关系抽象化。"②

在直接或间接参与思想政治教育的研究者心中，由于抱着一种对思想政治教育功能的某种坚定信念和理想化预期，往往会将自身研究的关注点集中投射在思想政治教育活动本身上。基于特定的前理解，思想政治教育的思考和研究中，往往对特定社会现象复杂性重视不够，有意无意地轻视了诸如利益关系、时局、偶然等诸多非教育因素对社会历史发展的现实影响力。仿佛许多工作得以顺利开展，尤其革命战争年代，这样的理想的效果，其直接并且主要的原因都来自思想政治教育。而如此这般的假定其实是我们对思想政治教育的美好期待或者说是理想化归因，并不见得是事实本身。对思想政治教育功能的过高预期，一定程度上助长了现实工作中出现了"办法不够，教育来凑"的流氓做法。该做法是将思想政治教育当作制度建设、公正办理等不充分时的救火队，混淆实际问题和认识问题的界限，思路上是极为错误的，影响也是十分恶劣的。

社会生产生活需要是推动思想政治教育发展的最终力量，社会系统劳动分工的不断细化则是思想政治教育发展的直接推动力。无产阶级的思想政治教育产生是基于工人运动和社会革命中传播马克思主义的需要。马克思主义的传播又有力地促进了当时的革命事业的发展。早期的

① 马克思恩格斯文集：第1卷［M］．北京：人民出版社，2009：520.
② 孙正聿．马克思主义辩证法研究［M］．北京：北京师范大学出版社，2012：72.

思想政治教育和社会政治生活之间保持着直接的统一的关系，并且，以理论斗争的形式直接成为革命斗争的重要内容。因此，思想政治教育保持着鲜活的生命力和强大的战斗力。无产阶级政党获得政权以后，在党的领导下，以国家治理体系为依托，政治工作制度更加完备、分工更加明确并且不断细化。思想政治教育工作逐渐与宣传、文化、党务工作等区分开来，一批懂业务、素质高的同志，专门从事思想政治教育工作，沿着专业化的方向推动了思想政治教育的发展。

思想政治教育的专业化发展，也一定意义上使得思想政治教育面临着"自我设计、自我循环、自我检验"的危险。促进社会经济、政治、文化等进步是思想政治教育存在的合法性的依据。服务保证好党的中心工作和中心任务是思想政治教育职责之所在。检验和考察思想政治教育好与不好的依据也是其对社会精神文化发展、人的思想进步等做出的贡献，而不是发了多少通知、出了多少简报。如果与基础性社会生产生活实践相脱离，不能很好地服务保证中心工作和中心任务，以自我为中心，思想政治教育必将陷入封闭的围城，并因此伤害其历史积累起来的存在意义。

（二）思想政治教育的基本特征：生产性、政治性、斗争性

把思想政治教育理解为一种精神生产和再生产的社会实践活动，就需要研究此理解中思想政治教育呈现出的特征问题。笼统地称思想政治教育特征为实践性，并非错误，而是不够准确和严谨。

按照马克思主义四种类型的社会生产理论，将生产性作为思想政治教育的第一特征，并从以下三个方面加以说明。生产性的第一层含义是思想政治教育目的在于满足人民群众的精神文化需要，引领社会主义道德风尚。思想政治教育和社会主义其他的生产活动一样其目的是满足广

大人民群众的生存和发展需要。物质性需要由物质性生产来满足，那么精神性需要则应由相应的精神生产来满足。尤其是现代社会，人民群众的物质生活水平普遍提高，精神文化产品的需要、政治参与的需要和社会参与的需要、审美的需要等高层次的需要不断凸显出来，"精神生产创造的精神产品满足了人的精神生活的需求，精神生产为人的精神提升、审美情趣的提高、自由而全面的发展奠定基础。"①

因此，从满足人们精神文化需要角度而言，思想政治教育提供的是一种精神性的社会公共产品，如执政党的指导思想、执政方略、国家的法律法规、一般的政治常识、伦理规范、政府具体政策措施等。这些政治道德知识、社会运行的制度规则、政府的社会治理理念等都与广大群众切身利益和生产生活密切相关，是保障和实现公民民主权利的重要组成部分，也是形成政治认同及培育政治文明的重要范式。在这个意义上讲，精神生产"还具有维护统治阶级统治地位的合法性功能。"②

生产性的第二层含义是思想政治教育过程同时也是教育活动参与者的脑力劳动的过程。与一般的物质生产劳动主要表现为劳动者体力的外化有所不同，思想政治教育活动的生产性，就其劳动过程而言，所消耗的是人的精神力量，主要表现为劳动者的脑力的外化。有学者把思想政治教育定义为"教育主体有意识地对所涉人员进行的政治意识形态的说服感化活动。"③ 这种说服感化活动，似乎是动动嘴皮子，是务虚性的，不实在。物质生产劳动，所引起的自然物的形态或属性的改变是直

---

① 宁全荣. 历史唯物主义视阈中当代社会的精神生产 [J]. 教育文化论坛，2012（4）：7.

② 宁全荣. 历史唯物主义视域中当代社会的精神生产 [J]. 教育文化论坛，2012（4）：9.

③ 曹祖明，李建德，吴照峰. 哲学视野下的思想政治教育 [M]. 西安：西北大学出版社，2012：4.

接的、直观的。产业工人汗流浃背地在劳动，也是有目共睹。而思想政治教育的劳动特性决定了其劳动成果，直接是人的观念和认识的改变、情感态度的改变等主观方面的变化。它所采用的方式也不是将教育主体的本质力量对象化到自然事物当中去，而是直接以劳动服务的方式呈现出来，并直接用于消费（享受）。一堂两小时的精彩绝伦的政治课，给人带来的知识上的获得感和内心的愉悦感，就是劳动的成果。而劳动成果是和主讲人辛勤劳动分不开的，他为了备课所消耗的时间、精力、心智也是不难设想的。

生产性的第三层含义在于其是一种结果性劳动，也就是能够实现人的思想认识的改造并进而影响人们的政治道德认知及行事习惯。这也是思想政治教育的现实意义之所在。劳而无功的生产是一种无效生产，本质上是浪费。思想政治教育作为以改造教育人的思想认知为目标，有意识、有计划的精神生产活动，如果无法完成改变人们的认识和情感的使命，那么只能说这样的思想政治教育实现了形式，缺失了内容，做的还是无用功。

政治性是思想政治教育的第二个基本特征。"政治性是思想政治教育的根本属性之一。"[1] 工作中，"如果放弃或者回避政治教育特征，就会丧失其应有的立场和战斗力。"[2] 当前，思想政治教育的现实意义在于对执政党与群众之间、执政党内部成员之间、群众与群众之间政治关系和伦理关系的塑造和调整，因此是一种政治性的活动，其主要的工作着力点在于化解因为认识、沟通不畅导致的矛盾，促进群众和党保持政治上的一致性和行动上的协调性。政治性意指思想政治教育属于观念上

---

[1]　沈壮海. 构建新形态的《思想政治教育学原理》[J]. 学校党建与思想教育，2010（9）：16.

[2]　孙其昂. 党的思想政治教育的实质是政治教育 [J]. 南京林业大学学报，2001，1（2）：9.

层建筑构建活动，其目的不是自足的，而是外在的——无产阶级政党为了更好地实现其政治目标和政治任务而开展的针对全体党员和群众的思想、政治、道德、法律等教育活动。① 同样是精神性的生产活动，思想政治教育活动和普通国民教育是有着重大差别的。普通的国民教育可以大致理解为知识教育和职业技能培训，意识形态色彩相对较弱。而思想政治教育则是直接的意识形态教育，从根本的意义上是一种以教育活动为内容和载体的政治性活动。

无产阶级政党是思想政治教育的支配力量，发挥着主导作用。"一个阶级是社会上占统治地位的物质力量，同时也是社会上占统治地位的精神力量"，② 社会主义国家无产阶级执政党支配着精神生产资料，调节着整个社会的精神生产和相关分配。党的意识形态工作不仅包括思想政治教育一项内容，还包含着社会舆论管控、文化艺术工作等其他内容。共产党作为最高责任主体，如邓小平同志所叮嘱的：思想政治教育"这项工作，各级党委要做，各级领导干部要做，每个党员都要做。"③思想政治教育的政治性还体现在教育活动的目的和目标上。思想政治教育的根本目的是促进人的精神解放和全面发展，而直接目的则是通过意识形态教育加强和巩固人民群众对党的信任、支持和认同以及国家归属感，稳固党的执政地位。因此，思想政治教育是党所掌握的重要的政治资源和精神资源，也是党的政治优势的一种体现。

斗争性是思想政治教育的第三个基本特征。决定思想政治教育斗争性的矛盾是无产阶级政党与敌对势力之间的政治上的矛盾以及无产阶级与剥削阶级根本利益上的不一致。这一点完全可以得到思想政治教育工

---

① 陈秉公．思想政治教育学［M］．北京：高等教育出版社，2006：2.
② 马克思恩格斯文集：第1卷［M］．北京：人民出版社，2009：550.
③ 邓小平文选：第2卷，第2版［M］．北京：人民出版社，1994：342.

作史上的经验的证实。尤其是在阶级矛盾，包括民族矛盾激烈的革命战争时代，思想政治教育的斗争性表现得尤其突出。最初的思想政治教育是作为敌我之间的理论和思想上的较量而存在的。在无产阶级政党获得政权之后，国内政治生活的主题由阶级斗争转变为社会主义全面建设，思想政治教育的斗争性特征并不十分突出。

但是，只要剥削阶级和剥削阶级的意识形态没有彻底被扬弃，思想政治教育的斗争性始终存在，不过是斗争的对象和方式更加隐蔽而已。因为，敌对势力的意识形态渗透更加隐蔽，在社会主义国家内部安插代言人是其惯用伎俩。受雇于敌对势力的所谓自由派知识分子，他们当中有的污蔑党的领袖、民族英雄，已经堕落为金钱的奴隶和敌对势力的帮凶，不再属于人民的范畴。因此无须讳言，党的思想政治教育和他们以及他们的错误言论之间的矛盾，不是人民内部矛盾，而是敌我之间的矛盾。对于人民内部思想认识上的差异和不一致性，思想政治教育的斗争性表现为通过细致耐心的说服教育、批评与自我批评等方式转变思想、提高认识，而非激烈地理论斗争、话语权争夺。

由于马克思主义的思想意识对剥削阶级的意识形态构成直接的实质上的反动，剥削阶级的意识形态实质上构成了思想政治教育的面对面的敌人和对手。早在思想政治教育工作诞生之初即是如此。列宁在领导俄国的革命过程中，非常注重对封建专制和资本主义制度的政治揭露工作。抗日战争时期中国共产党的思想政治教育工作，面临着日本帝国主义"中日亲善""大东亚共荣圈"等奴化理论和奴化教育的严峻形势，同时还需要批驳和揭露汪伪政权的投降主义及其汉奸的卑劣行径；这些对手和敌人构成思想政治教育进行思想斗争和理论批判的对象。思想政治教育的斗争性，往往通过理论批判和思想改造实现，一般情况下，两种方式并存且相互影响。

思想政治教育所要宣传的共产党的政治主张和斗争策略并不一定与且事实上常常不与广大工人阶级和人民群众的自发性认识相一致。因此，决定思想政治教育斗争性又一重要矛盾是自觉与自发的矛盾。列宁曾经做出过明确地判断"各国的历史都证明：工人阶级单靠自己本身的力量，只能形成工联主义的意识""俄国社会民主主义的理论也是完全不依赖于工人运动的自发增长"，因此灌输才成为必须①。因此，批判工联主义、经济主义等，使工人们"摆脱那些属于旧世界观的词句的影响"②成为当时俄国革命十分迫切的任务。即便是同一无产阶级政党内部，不同的思想路线之间的斗争不曾停止过一刻。

中国共产党的思想政治教育史上，与右倾机会主义和"左倾"冒险主义做斗争是党的思想建设的重要内容。此外，斗争性还表现为个人的自我反思与自我批判。比如共产党员加强自我修养和学习，所开展的自我批评活动，实质上就是新思想战胜旧思想的斗争过程。旧思想可能是"旧社会中各种思想意识及成见习惯的传统之残余"③，也可能源自革命经验的匮乏，或者对马克思主义领悟的不充分、不深入。失去了斗争性的思想政治教育，要么不知道对手是谁，要么忘记了自己的本职。一片和谐，万里赞歌，一定不是社会思想意识领域内的真相，而是虚假的繁荣。

（三）思想政治教育的现实性：教育依赖环境又塑造环境

思想政治教育作为一种实践活动，必然是对象性的存在。其现实性源自思想政治教育与环境之间的对象性的关系的建立。思想政治教育既

---

① 列宁. 怎么办？［M］. 北京：人民出版社，1960：30.
② 列宁. 怎么办？［M］. 北京：人民出版社，1960：27.
③ 刘少奇. 论共产党员的修养［M］. 解放社，1949：5.

受环境影响又在塑造和改变着环境。

时至今日现代人所生存于其中的环境早已不是自在的自然界。人的实践活动及其结果塑造出了人化的自然。经农业、工业、商业等改造后的人化自然成为现代人生活环境的主要成分，尽管自在的自然界依然优先地存在着。人们周围的感性世界"绝不是某种开天辟地以来就直接存在、始终如一的东西，而是工业和社会状况的产物，是历史的产物，是世世代代活动的结果。"① 因此，每一代都只能在其所直接面对的由上一代所创造和提供的现实条件的基础上开展活动，进行社会交往进而形成某些新的社会关系。社会生产方式发展的每一个阶段，都有的政治上的进展与之相适应。现实的感性世界就是"构成这一世界的个人的全部活生生的感性活动。"② 自在自然、人化自然、社会共同构成了感性世界的表现形式，构成直接意义上人所生存和发展的环境。

这样一个世界之所以是现实的，是由于它是客观的、外在于主体的、不以人的主观意志为转移的。整个社会的生产方式、政治制度、文化传统、民族心理等对于每一代人当中的每一个个人而言，均为无法回避也无法选择的既定环境，同时，又是人离不开的存在条件。人的生产生活需要它来满足，人的精神发展依靠它来实现。当代中国的思想政治教育，面临着诸多不容分说的事实：中国作为欠发达国家的事实、以公有制为基础的社会化的商品生产和商品交换的事实、中国共产党作为执政党的事实、中华民族近两千年封建历史进程的事实，等等。作为党的意识形态工作的重要组成部分，欲有效开展理想信念教育、爱国主义教育、核心价值观培育等思想政治教育相关工作，首要的是清楚地认识教育所处的现实的环境以及此环境所塑造起来的社会关系以及这些外界因

---

① 马克思恩格斯文集：第1卷 [M]．北京：人民出版社，2009：530.
② 马克思恩格斯文集：第1卷 [M]．北京：人民出版社，2009：530.

素将以怎样的方式作用于人们的思想。

在外部环境对思想政治教育影响中，起到决定性作用的是社会生产方式的运行逻辑对教育内容的影响。也就是说，思想政治教育的内容与社会生产方式运行逻辑之间的一致与否，决定了思想政治教育内容的真实与虚假。商品生产遵循资本自我增殖的逻辑运行，多种分配方式使得不劳而获成为可能，那么，相应地在社会意识领域自然就出现勤劳与投机并存的价值观念。"在以资本为原则的整个经济领域中通行的唯一法则是'唯利是图'，然而建立在一个唯利是图的经济—市场结构基础之上的社会生活是有其限度和条件的。""很明显，由这一结构自发地产生的意识形态只能是利己主义，即为所欲为"①。如果思想政治教育只讲勤劳而避开投机，那么，它在内容上就和生产方式的内在逻辑就发生了偏离。

信息化技术为个性化生产提供支持，以此为基础人的个性张扬趋势不可避免。一锅煮的教育方式，显然已经落后于时代，如果继续固守只能是削足适履。因为"随着新生产力的获得，人们改变自己的生产方式，随着生产方式即谋生方式的改变，人们也就会改变自己的一切社会关系。"② 可以推定整个社会的思想意识也将随生产方式和社会关系的变化而发生相应的变化。正如权威原理出现在 11 世纪，而个人主义原理出现在 18 世纪一样，当代中国的思想政治教育所要广施予众的思想和理论也应该是 21 世纪的产物，准确地说是 21 世纪的生产方式以及交往方式所产生出来的能够准确反映当代社会的时代精神的思想和理论。当然，我们已经有了马克思主义、毛泽东思想和中国特色社会主义，在

---

① 吴晓明. 复兴取决于精神 – 文化的开拓性建设［N］. 社会科学报，2014 – 7 – 31 （06）.

② 马克思恩格斯文集：第 1 卷［M］. 北京：人民出版社，2009：602.

社会发展的基础上，推进理论创新将成为思想政治教育重要的使命之一。

　　除了最为基础的生产方式的运行逻辑外，党的执政、施政过程对思想政治教育目标的合理性有着不可忽视的影响。思想政治教育是中国共产党革命与建设等政治实践的衍生物。执政党的指导思想、国家性质、政治制度、政治体制等共同构成了思想政治教育的社会政治环境。"政治实体环境不仅能够为政治主体提供生存和发展的空间，而且还可以直接或间接地铸造政治人。"① 在清正廉洁的党风下涌现的廉洁奉公的共产党员形象，可以作为理想政治人格代表。善政与善治条件下，良好的政治参与是国民政治人格培养的最佳途径。若非如此，思想政治教育中公民人格的培养目标将失去其现实依据，"高、大、全"的背后往往隐藏着"假、大、空"。在一个全省贿选的政治环境中，是很难单纯依靠思想政治教育培养出全心全意为人民服务的公务员和领导干部的。关于此，辽宁省人大代表贿选案已经敲响了警钟。

　　除了生产方式和政治环境，文化传统也是思想政治教育现实环境之一。自身小传统和社会文化大传统共同构成了思想政治教育的文化传统。这两个传统当中，自身传统的惯性小，而影响力相对大；社会文化传统惯性大，而影响力相对小。因为，思想政治教育自身的传统比较多地表现为制度的传承、经验的积累和习惯做法的延续，而社会大的文化传统更多的已经沉淀为相对稳定的伦理道德等文化心理结构。在具体的思想政治教育活动中，大的文化传统需要适应，而自身传统则可以根据实际需要进行取舍。新旧交替的转型期，新的认同亟待形成，大小两个传统都有可能成为社会变革的桎梏，因此，在批判中继承、在继承中创

---

① 刘娜. 科学实践观视域中的思想政治教育环境研究［M］. 北京：中国社会科学出版社，2014：104.

新势在必行。

　　和环境之间保持积极的统一性是思想政治教育得以开展的前提。"人们自己创造自己的历史，但是他们并不是随心所欲地创造，并不是在他们自己选定的条件下创造，而是在直接碰到的、既定的、从过去继承下来的条件下创造。"① 感性世界是人的实践活动的结果又是新的实践活动既定前提和现实环境，是客观的、外在的、必然的。首先，承认环境。继而才能认识环境和改造新环境。承认环境意味着正视环境的客观性和外在性，并且接受这样的事实，在实际工作中不做把脑袋埋进沙子里的鸵鸟。其次，认识环境。就要积极主动地理解和把握时代发展的动态和趋势，尤其是当代中国正在深化改革，物质生活的生产方式和社会关系都正在经历着重大而深刻调整的时候。思想政治教育仅仅吹号敲鼓显然是不够的，而是要把握住不同社会阶层和区域之间利益关系的现状与调整方向，掌握党的建设与国家治理现代化发展思路与步骤，从而深切领会时代精神。最后，改造新环境。在相对意义上积极作为，淘汰不合时宜的思想观念和做法，不是去"要求各个人从头脑中抛弃掉他们作为被孤立的人所无法控制的那些关系"②，而是去创造条件积极主动地变革那些关系，进而改变人们的思想意识。

二、基于实践原则的思想政治教育认识论解析

　　"长期以来，思想政治教育学虽然属于马克思主义理论二级学科，但是学术界的研究基本上把它定位于教育学的范畴"③，并因此主要在认识论的框架内来看待和处理思想政治教育的基本问题。思想政治教育

---

① 马克思恩格斯文集：第 2 卷 ［M］. 北京：人民出版社，2009：470 - 471.
② 马克思恩格斯文集：第 1 卷 ［M］. 北京：人民出版社，2009：568.
③ 曹祖明，李建德，吴照峰. 哲学视野下的思想政治教育 ［M］. 西安：西北大学出版社，2012：109.

也一向是以教育学为基础理论的。比如《现代思想政治教育学》认为思想政治教育的起点范畴是"思想和行为"。如果以"思想和行为"的关系为思考的起点，那么思想政治教育的运行逻辑则可以简要地描述为：思想和行为是可以统一的，思想的改变可以引起相应的行为的改变，改变思想的重要途径是思想政治教育。因此，可简单地将这一基本思路归纳为"以知促行"。当然，任何认识论都要以相应的本体论为基础。我们研究的重点是思想政治教育的实践本体论原则，那么，实践原则视域中思想政治教育中相关的认识论问题是必须加以讨论的。

（一）政治立场受制于现实政治生活

历史唯物主义的认识论的核心范畴是认识和实践。因为历史唯物主义始终是从实践——人的感性活动的角度认识观察和分析问题的。因此，对于传统的认识论基本问题——人的思维是否具有客观的真理性的回答，历史唯物主义的态度是"这不是一个理论的问题，而是一个实践的问题。人应该在实践中证明自己思维的真理性。"① 因此，沿着认识论的路径，党的认识及其理论形态与人们的生产生活实践之间的相互关系可以作为思想政治教育起点。马克思主义始终在社会历史以及人与人的社会关系当中考察认识和实践问题。所以认识并不是单个人的主观思想，实践也不是某一个孤立的个人的行为，人的思想和行为无一不是在一定社会关系中发生的。

仅就认识而言，思想政治教育的统一思想的使命直接源于个人认识与党的认识之间的不一致性，根源则在于党的认识与人们生产生活实践之间的张力。有的学者将此问题描述为"社会认识与个人认识"的矛

---

① 马克思恩格斯文集：第1卷 ［M］．北京：人民出版社，2009：500．

盾。① 这里的社会认识主要内容应该是无产阶级意识形态，集中表现为党的认识。党的认识是党的思想、意志、信仰等思想意识的总和，泛指党的纲领、路线、方针、政策，国家的法律、法规，社会主导的道德规范，以及这些制度规范所依据的世界观、价值观等，其实质是无产阶级意识形态，其理论形态就是党的理论。通过自身的努力，将无产阶级意识形态变成全体社会成员自己的思想认识和价值观念正是思想政治教育所要完成的任务。

由此可见，思想政治教育当中，实际包含了两个方向的认识问题：一是党的治国理政实践活动与党的理论之间的关系问题，二是人民群众的生产生活实践与党的理论之间的关系问题。思想政治教育的主要内容是"党的认识及其理论形态"，而人们的生产生活实践则是人们思想认识的主要来源。正如毛泽东同志所阐明的那样"人们必须在自己的实践中，精心地去寻找客观事物的固有的而不是自己主观臆造出来的规律，并利用这种由客观反映到主观的规律，亦即客观真理转化为主观真理，就可以改造客观世界，实现人们的理想。否则是不可能的。"②

政党的政治实践主要是协调不同阶级、阶层、集团之间的经济利益和社会权力的分配。国家的法律、制度、道德等则是利益和权力分配的方式固化后的观念形态的表达，并最终以党的理论这样的思想体系呈现出来。比如，宪法可以被看作社会主义核心价值观的最权威的法规制度形态。人民群众的认识和各自的生产生活实践保持着基本的一致性。现代社会，利益多元化、社会交往复杂化和社会分工多样化，人民群众当中存在着阶层、职业、文化程度等各方面的差异，不同地域、不同职业的人的思想观念也各不相同。各种综合因素使得整个社会的思想样态呈

---

① 骆郁廷，杨威. 论思想政治教育的认识根源 [J]. 江汉论坛，2009：126.

② 建国以来毛泽东文稿 [M]. 北京：中央文献出版社，1996：20.

现出多样化和多层次性的特征。相应地思想政治教育工作中，教育对象复杂多样，教育任务也就更为艰巨。

从认识论的角度讲，思想政治教育遵从马克思恩格斯在《德意志意识形态》中明确指出的基本原理"意识在任何时候都只能是被意识到了的存在，而人们的存在就是他们的现实生活过程。"① 思想政治教育在处理人们的意识与其生活的关系问题上，尤其需要注意的一点："不是意识决定生活，而是生活决定意识"②。也就是说，党和群众认识上的差异，若要实现真正意义上的统一，必须在社会政治生活中寻求其统一性的基础。一是党的施政纲领所代表的利益和人民群众利益上应在方向上和数量上同时保持最大程度地一致、国家的政策制度能够有效地维护社会公平正义、人民群众通过诚实劳动合法经营应拥有适当的获得感；二是党的理论与自身的政治实践之间最大程度地保持一致。党的理论须是党的政治实践的真实表达，党的政治实践须是党的理论的忠实执行。这样党的理论才不至于异化为马克思曾经批判的遮蔽事实的虚假的意识形态。可见，无产阶级的思想政治教育，不能背离其促进无产阶级及广大人民群众思想解放和全面发展的性质。思想政治教育既需要具备用"理论说话"能力，也必须具备用"事实说话"的底气。否则，思想政治教育所肩负的使命任务将变得不具有完成的可能性，最终的结果亦不难推测——思想政治教育自身存在的虚化。

（二）道德观念决定于现实伦理生活

按照通常的说法，思想政治教育所要培养的是人们的思想道德素质，而一般的国民教育主要培养的人们的科学文化素质。思想道德素质

① 马克思恩格斯文集：第1卷 [M]．北京：人民出版社，2009：525.
② 马克思恩格斯文集：第1卷 [M]．北京：人民出版社，2009：525.

主要是指人的世界观、理想信念、政治立场、价值观念、心理健康水平等。思想政治教育中有知识教授的部分，普通的国民教育中也包含政治倾向性和道德的善恶判断，虽不能截然分开，但各有侧重。思想政治教育是以理想的政治及道德人格为培养目标，而一般的国民教育则以具备完善心智的人为培养目标。培养目标的差异，实际上代表着两种不同形式的教育路径的差异。如果按照康德的划分，思想政治教育当属于道德即"实践的教育"，而人们心智的教育则属于"自然的教育"。不同教育路径背后是不同的认识论基础。

简单地说，心智的教育旨在教人求真知、辨真假，道德的教育旨在教人明是非、辨善恶。求真与求善的认识统一源于人的实践活动。关于善恶的伦理规范及道德观念、关于真假的科学真理等这些相对独立外观的精神形态，只是在人类社会脑力劳动和体力劳动的分工产生之后才得以逐渐形成。思想观念的发展只是人们物质生产和社会交往发展相应的产物。也就是说，无论是自然科学的发展还是社会科学的发展，无一不是以物质生产、生活为基础和动力的。"作为认识主体的人，不仅是一种有生命的自然存在物，而且是在一定社会关系中生存的社会存在物。"① 因此，人们的政治思想、道德观念等社会性的价值真理，主要是社会的现实的利益关系、利益关系形成方式及利益的获得方式在人们头脑中的反映。人们思想道德的内容和水平与当时生产方式和发展水平总体上是基本一致的。与私有制相适应的私有观念和利己主义价值观。与专制主义相匹配的是官僚主义和特权思想。信息社会产生了共享观念，而私人定制则为个性自由提供了条件。一项以我国社会中的中间阶层为主要调查对象的社会学的研究结果显示"个人收入越高，越易支

---

① 邵启鼎. 从困惑到彻悟：对辩证法的深思和破解 ［M］. 北京：光明日报出版社，2013：134.

持自由竞争的观点，支持信息自由的观点"①。由此可见，人们的道德意识随着生产生活的改变而改变。偶有个别落后或超前的情况出现，但总体而言人们的政治思想和道德观念依然根植于现实的生产生活。

如前文所述，思想政治教育以社会主义新人的塑造和培养为重要目标，是一种以社会主义意识形态为主要内容的精神生产活动。那么，培养社会主义新人这样的精神生产活动，不是嘴上说说那么简单事情，而是需要相应的生产资料。只有生产条件大体具备的情况下，思想政治教育才是有意义的精神生产。也就是说，开展思想政治教育是有条件的。这些条件，包括人们实际的思想道德状况及个人的生活情况，如个人的成长经历、家庭环境、个性特点、受教育情况等，社会的生产生活方式，现实的国内国际政治状况，依然有影响力的文化传统等；具体教育活动所需要的时间、场地、材料；等等。当代中国人的生产生活现实是思想政治教育得以展开的具体的历史场域。

了解当代中国人所保有的政治思想和道德观念以及这些观念所形成的根源是思想政治教育顺利开展的现实的思想意识空间。就其性质而言，无产阶级的思想政治教育当然不是像旧时代的封建主那样，把普通民众作为自己对立面，"名教实愚"，通过政治和道德教化生产出驯服的臣民。共产党的思想政治教育，与剥削阶级的意识形态宣教恰恰相反，它正是要通过教育使得人民群众正确认识自身境遇，并找出深刻的社会历史根源，从而唤醒人们的民主意识和革命精神，实际地反抗不合理的社会制度，进而为自己解放自己而奋斗。当代中国，时代主题发生了改变，从谋解放到谋发展，那么，思想政治教育正是要顺应这样的时代潮流，激励人们不忘初心，继续前行。

---

① 翁定军，马磊，马艳凤. 社会生活、社会态度和观念意识［M］. 桂林：广西师范大学出版社，2015：169.

马克思主义"始终站在现实历史的基础上，不是从观念出发来解释实践，而是从物质实践出发来解释观念的形成。"① 当代中国人的政治思想和道德意识就是当代中国人的实际生活状况的观念性反映。不同社会群体形成了不同的政治思想和道德意识，这在社会转型期矛盾多发期、社会生活多样化的情况下，实属正常，甚至是必然。有学者认为，除了马克思主义、中国特色社会主义外，当代中国存在着老左派、新左派、民主社会主义、自由主义、民族主义、民粹主义、新儒家等八种社会思潮。② 这些思潮都有着各种的经济的、历史的根源，一定程度上也构成了对中国主导意识形态的挑战。回顾历史可以发现：早在19世纪末20世纪初，马克思主义刚刚传播至中国，就面临着改良主义、实用主义等诸多思潮的挤压，中国共产党也只是当时众多政治力量当中的一片小舟。然而，沧海横流方显英雄本色，最终，历史选择了马克思主义，选择了中国共产党。如今，思想政治教育也一样有自己所要正视的现实。思想政治教育要从人们的思想和生活实际出发，而不是从应然状态出发，把握现实、解释现实，相信真理在我，勇于展开与各种思想的对话与竞争，真理也将越辩越明。这样，党的理论才能更好地赢得群众武装群众，在合理政治秩序的巩固上和人们内心秩序的建立上大有作为。

（三）学习修养是教育基本的认识方式

马克思说："从前的一切唯物主义（包括费尔巴哈的唯物主义）的主要缺点是：对对象、现实、感性，只是从客体的或者直观的形式去理解，而不是把它们当作感性的人的活动，当作实践去理解，不是从主体

---

① 马克思恩格斯文集：第1卷［M］．北京：人民出版社，2009：544．
② 马立诚．当代中国八种社会思潮［M］．北京：社会科学文献出版社，2012．

方面去理解。"① 我们将思想政治教育实践原则细化为主体性原则和相关性原则，正是要从主体方面，从感性的人的活动去理解思想政治教育。那么主体参与思想政治教育的基本方式是什么？

首先，主体的认定不是抽象的形式的而是具体的实质性的。思想政治教育的主体是实际参与到教育活动来的人即思想政治教育的实质主体及对象，而不是制度规定出来的有责任和义务参加到教育中的责任主体及对象。假设大学里的马克思主义基本原理课堂上，一名授课老师，四十九名学生。那么，该次教育活动主体是否就是所有在场的五十人呢？答案是否定的。因为，这五十人当中可能会有三分之一的人昏昏欲睡，左耳听，右耳扔。他们既没有参与课堂讲授中，也没有参与教学内容的学习和领悟中，因此，他们并不是该次思想政治教育的实质对象，仅仅是作为责任对象而存在的。人只是实践活动主体的必要条件，但非充分条件。只有那些听了课并且听进去的人，才能被认为参与到教育活动中的人，才能被称作教育活动的主体和对象。也就是与思想政治教育活动保持积极的直接的相关的人才是思想政治教育的主体和对象。那么主体和思想政治教育建立起内在联系的方式，就是思想政治教育的主体参与。

其次，如果将思想政治教育理解为人的感性活动，那么，就不能从形式上去分析教育活动参与，不能认为但凡坐在思想政治教育课堂上的人包括授课者，都参与了教育活动。主体和对象真正参与教育，必须伴随着参与者本质力量对象化。主体力量对象化意味着对象的改变。只有引起了参与者认识、情感等感性意识朝着既定方向改变的思想政治教育，才算是主体和对象充分参与到思想政治教育之中。若是直观地理解和看待教育，似乎是政治干部或政治理论课老师上了政治课、组织了谈

---

① 马克思恩格斯文集：第1卷 [M]．北京：人民出版社，2009：499.

心，就是搞了教育。而从结果上看，受教育者对以上努力丝毫不为所动，这样的教育搞了等于没搞。这时，教育做的实际上是无用功，从事的也是无效劳动。因此，需要对思想政治教育主体有效参与的基本方式加以考察。

最后，学习和修养是思想政治教育主体参与的基本方式。思想政治教育将社会主义的意识形态加工制作成政治理论知识和道德知识传授给受教育者，为其学习相关内容的知识提供了条件和便利。思想政治教育中理论教育部分是知识性的传授，而任何感性意识的形成和改变，最终都离不开受教育者自身的学习和修养。学习和修养是主体发挥自身能动作用的方式，意味着教育参与者自身的付出和努力。尤其是在政治判断力的形成和道德意识的确立中，修养比知识学习更为重要。正如柏拉图在《理想国》中描述的那样："在可知的领域里最后被看见的东西，而且还须做出极大的努力才能看见的东西就是善的理念"。① 可以说，善念非经过艰苦努力是难以得到的。1939 年刘少奇同志在《论共产党员的修养》当中明确提出："革命者在革命斗争中的主观努力和修养，对于改造和提高革命者自己，是完全必须的，决不可少的。"②

教育主体和对象的思想意识上的修养过程，实质就是个人思想内部的无产阶级思想和非无产阶级思想之间的斗争过程。中国社会是中国共产党和党员工作生活的客观的外部条件，是思想政治教育得以开展的客观环境。1963 年，周恩来在"过好五关"的报告中讲到，要承认各种关系都会影响个人的思想。并且指出"在这个社会里，旧的封建的资本主义的习惯势力，很容易影响你、沾染你、侵蚀你，如果失去警惕，

---

① 柏拉图．理想国［M］．谢祖钧译．北京：中央编译出版社，2014：231.
② 刘少奇选集：上卷［M］．北京：人民出版社，1981：100.

这些东西就会乘虚而入。"① 党员及党的领导干部不是天仙下凡，他们从中国社会各个阶层中走来，并且也将继续在中国的社会环境中工作和生活。社会中的优良传统和陋习都会对人产生不可避免的影响，勤劳、朴实、善良是影响，自私自利、阴谋诡计、官僚主义等也是影响。斗争的最后结果是用无产阶级阶级的意识克服以至肃清其他各种非无产阶级的意识。这样的斗争过程，不只是理智的工作即单纯的一种知识取代另一种知识，而是在意志的作用下，以"善"的理念去战胜"恶"的思想。

我们可以将思想政治教育和修养是看作同一个问题的两面。外在形式为教育，内在形式为修养。任弼时同志曾经说过："党的组织应负责教育党员，而党员自己则必须自觉地进行这方面的锻炼。"② 人的修养伴随人的一生，是个人道德品质形成和完善的过程，也是人自我完善和发展的基本途径。德国古典教育家威廉·洪堡认为，修养正是为了发展人的个性而设，修养要唤醒个体的力量，让个人在觉醒的过程中壮大自己，调理自己。③ 修养是人的自我认知，是反思能力的自觉运用。也就是说，人具有自我意识，能够以自我为对象，进行自我反省，这也是"作为人的人"的本质特征。子曰："见贤思齐焉，见不贤而内省也"。曾子曰："吾日三省吾身。"实际上，反躬自省的修养过程，就是主体改造自己主观世界的过程，也是人的认识不断深化的过程，同时也是社会上不同的理论和思潮在人们思想意识里争夺阵地的过程。

---

① 中宣部党建杂志社 红旗出版社编辑部．信仰的力量［G］．北京：红旗出版社，2011：120.
② 中宣部党建杂志社 红旗出版社编辑部．信仰的力量［G］．北京：红旗出版社，2011：132.
③ 靳希平．十九世纪德国非主流哲学：现象学史前札记［M］．北京：北京大学出版社，2004：23.

自我修养可以大致分为三个紧密衔接的层次：自我反省、自我反思、自我修正，也就是说修养不仅包括内在的自我思想改造，也包括自我的言行控制和修正。① 良好的修养不仅需要充分的知识学习和诚恳的态度，还必须有坚强的意志力。尤其是在没有外在监督的时候，主体的慎独则更加能够显示出人的自我修养高低。② 可见，在思想政治教育的发生作用的过程中，意志力扮演着比智力更为重要的角色，也就是说，道德修养最终不是认识问题而是实践问题。以往的关于道德修养的深入研究往往会向前追寻，在人性论中确定其基础，向后会推理以君子或者圣人为理想人格目标。马克思主义不是从抽象的人性善或人性恶出发，而是从人的实践活动出发，在社会的物质生产中分析人们的政治思想和道德观念形成的客观性和必然性。同时，高度注重思想政治教育中人的主体性作用的发挥。认为学习和修养是统一的，学习和修养是思想政治教育主体参与的基本方式。

（四）知行合一是一个教育环节的完成

思想政治教育的对象性原则说明教育对象成功塑造是思想政治教育作为一种有意识、有目的的实践活动的标志。如果将思想政治教育对象性原则的认识论意义加以阐述的话，那么，就是要追问认识的意义是什么？更好的改变世界、改变自己。"思想一旦掌握群众，就变成力量。"③ 将认识转化为实践——知行合一问题便成为思想政治教育认识论的最后一个问题。知行合一意味着思想政治教育的一个认识环节的完

① 傅琳凯，王柏棣．论儒家自我修养方法的层次性［J］．东北师大学报（哲学社会科学版），2016（1）：183–186.
② 杨川．儒家修身理念及其对当代思想政治教育的借鉴意义［J］．教育教学论坛，2011（6）：192–193.
③ 列宁选集：第3卷［M］．北京：人民出版社，1995：321.

成。因为完整的认识过程包括从实践到认识、再从认识回到实践。只有当人们能够按照思想政治教育内容中所包含的思想、标准和规范，改变自己的思想认识，调整并优化社会关系，朝着符合教育目标方向改变，才能说明思想政治教育在一定程度上起到了塑造社会的作用，思想政治教育的效果才得以显现。

思想政治教育中的知行合一问题，在中国具体的国情和历史条件下，主要包括两个方面的内容：一是马克思主义理论和党所领导中国的革命建设实践之间的统一性问题；二是广大人民群众的思想认识和行事方式与党的路线方针政策之间的统一性问题。并且，第一对关系对第二对关系起着主导作用，具有决定性的意义。通俗地讲，党说得对做得好，群众就信党的，听党的；反之，则会保持距离。马克思主义理论的产生是先于中国共产党和党领导的中国的社会主义革命建设实践的。中国共产党的思想政治教育一个基本的任务是宣传和普及马克思主义。因此，中国的思想政治教育中知行合一的第一个环节是将马克思主义的基本原理和中国具体革命实践相结合。也就是革命和建设实践当中如何正确、科学地运用马克思主义理论作为指导的问题。具体而言，即党领导的革命、建设、自身建设实践与马克思主义基本的世界观、价值观、方法论原则相一致。思想政治教育不仅要做群众的教育工作，更要做好党员干部的教育工作，因为，党的理论武装的主要抓手就是思想政治教育。作为一个政治组织，党自身的知行合一关系到共产党组织的性质、革命和建设道路的选择以及党和国家大政方针的制定等，尤其重要。

历史上，中国共产党在处理马克思主义理论和中国的革命和建设实践中，出现过两种不良现象。一是党员干部不具备过硬的思想水平和理论修养，对马克思主义一知半解，甚至曲解误解，造成的后果是工作难免会偏离共产主义理念信念和价值取向，而且不自知，从而给经验主义留下空间。二是党员干部认真学习了马克思主义理论，却只能将理论自身读懂，只知道理论自身的逻辑，却不明白中国的具体实践，不知道中国社会运行的历史逻辑，将理论作为教条和万能的公式，工作中常常出现以马克思主义的名义做反马克思主义的事情。教条主义某种程度上更具有潜在性，其错误更难以被发现和纠正。因此，它成为中国共产党思想理论领域从建党之初一直存在的一种错误倾向，也成为党的错误思想路线的一种表现形式，并且给中国的革命和建设带来了巨大损失，造成了巨大伤害。即便是在改革开放以后，来自"左"的或"右"的干扰也始终没有停止过。

我国的思想政治教育中知行合一的第二个环节是发展马克思主义，将最新的鲜活的社会实践，及时科学地总结提升为党的理论，积极推进理论创新。并且，用党的创新理论武装全党、全军、全国人民，使广大人民群众的思想认识与党的理论保持一致，能够在具体的工作学习中，准确运用党的理论作为指导，将教育内容对象化到自己的政治活动及社会活动中去。实践是检验真理的唯一标准，这样的判断早已深入人心。从思想政治教育的角度看，如果社会的生产生活运转所遵循的规则与教育内容之间有所偏差，也就是说人们不是按照思想政治教育所要求那样去行事。知而不行的唯一解释——非必然如此去做。非必然如此行事往往是因为"明规则不起作用，潜规则四处盛行"。生活实际作为最直接的感性力量会教育人们哪些道理是行得通的，哪些道理是行不通的。那么，教育所要反思的恰恰就在此处，即教育的内容多大程度上代表着客观性、必然性和规律性。

另外，思想政治教育还必须正视一个事实那就是"思想政治教育只能在有限的意义上对人们的思想认识和行为产生影响"。除了知对行具有诱导作用外，利益、环境、情感、习惯等诸多因素皆对人们的行事方式有着深刻的作用力和影响力。1978 年邓小平在《解放思想，实事求是，团结一致向前看》的报告中提出过，小生产的习惯势力还在影响着人们。类似的习惯势力，已经沿袭了千余年，近年来有所消解，却尚未完全消失。党的宣传和教育不仅要阐明党的理论逻辑意义上的真理性，更要阐明社会现实意义上的真理性。只有把人民群众的利益保障好、维护好，人们的思想情绪才具备疏通理顺的基础。1986 年，邓小平同志再次重申"共产党的最高理想是实现共产主义，在不同的历史阶段又有代表那个阶段最广大人民利益的奋斗纲领。因此，我们才能够团结和动员最广大的人民群众，叫做万众一心。"① 可见，实现和维护好广大人民群众的利益是团结的基础，是宣传和教育的前提。当追究某些党员干部言行不一责任的时候，当思想政治教育和工作生活出现两张皮的现象的时候，把一切责任推给思想政治教育，明显是一种不正视问题的逃避行为。

三、基于实践原则的思想政治教育方法论解析

在近十年思想政治教育工作方法，探索中已经蕴藏着对思想政治教育作为一种实践活动的本体论的领会和自觉贯彻。思想政治教育实践原则不仅是基于历史唯物主义的理论推导，也是党的思想政治教育历史经验的科学总结与发展趋势的合理研判。尤其是在党中央提出以人为本的发展理念后，思想政治教育在工作法方面层面做出了诸如情理交融法等许多积极的探索。2015 年党中央在编制"十三五"规划的时候明确提出了"以人民为中心"的发展思想，并且将促进人的全面发展作为该

---

① 中宣部党建杂志社 红旗出版社编辑部．信仰的力量［G］．北京：红旗出版社，2011：61.

规划的核心理念，把坚持人民主体地位摆在发展的指导原则之首。① 可见，思想政治教育欲在方法上摆脱机械唯物论的影响，要将历史唯物主义实践原则贯彻到底，并回到思想政治教育实践活动本身。

（一）提出以人为本，增强教育全面性

思想政治教育实践原则所蕴含的基本价值取向表现在思想政治教育对人以及人的基本属性的理解上。

首先，以人为本教育理念的提出与施行表明思想政治教育从观念上力图摆脱机械唯物论重物轻人的影响，更加科学地坚持历史唯物主义。思想政治教育以党的意志为意志，并且以马克思主义为基本教育内容，由党中央负责领导和统筹，各级党组织、政府机构、团组织、高校等具体实施。因此，当以人为本被规定为科学发展观的核心要义之后，思想政治教育及时把党的创新理论应用于工作，及时地调整了教育理念，明确提出思想政治教育必须也要以人为本，加强人文关怀。进一步扭转了思想政治教育一度出现的过度工具化、功利化等不良倾向，使思想政治教育的人文意蕴得到强化。思想政治教育逐步改变了板着面孔教育人的旧形象，逐渐树立起俯下身子关心人的新形象。

其次，思想政治教育对人的理解和关照更加全面。思想政治教育对人的理解和认识更加深刻全面，由单纯的政治人、理性人假设拓展为全面的人、多样化的人的假设，从而为人的可塑性提供了更为充分的前提。受教育者的利益、地位、思想、情感、生活等多个方面被综合考虑并顾及到。马克思将人的本质，在其现实性上，归结为各种社会关系的总和。那么，各种社会关系，显然不是一种社会关系。并且社会关系产生的基础在社会生产生活实践。社会生产生活的多样化，对应着社会关

----

① 韩庆祥. 习近平以人民为中心的政治经济学说［J］. 人民论坛, 2016（1）上: 52.

系的多样化。人与人之间血缘的关系、伦理的关系、利益的关系等社会关系的丰富性和多样化，为人的全面发展提供了空间和可能，是社会发展进步的重要体现。现代社会发展速度前所未有，人们的思想转变随着社会的发展而不断转变。比如商品化导致逐利的合理性受到普遍认可，于是过度商品化开始腐蚀社会公权，出现了恶劣者如权钱交易、次之如权力寻租等不良现象，成为腐败滋生的温床，人们的义利观中的道德天平慢慢倒向重利轻义。针对社会发生的深刻变化及其对思想政治教育的影响，党中央早已做出过分析和研判。1999 年《中共中央关于加强和改进思想政治工作的若干意见》中，明确提出了"四个多样化"并深入剖析了多样化带来的影响。可见，思想政治教育能够紧跟变化了的新形势，更加注重多角度、多方位对待教育受众，更加注重体察受众的思想观念与价值取向等方面的新变化，为思想政治教育朝着精准教育方向发展做出了有益探索。

再次，思想政治教育从知性的课堂走入广阔而具体的社会生活。从学科分类上讲，思想政治教育一向被定位成应用科学。虽然，思想政治教育不见得一定是综合了哲学、政治学、教育学、社会学、伦理学、心理学等学科的全部内容，就知识应用而言，以上诸学科多少都会有所涉及。但是，思想政治教育要面对和处理是关于人和事的思想认识的问题，而不是关于物的知识的问题。"关于物没有思想问题而只有知识问题，物可知之而不可思之。""只有当物进入事才具有意义和价值。"[①]思想政治教育学是马克思主义理论的二级学科，是将马克思主义理论灵活应用于协调和解决广大党员干部及人民群众思想认识上出现矛盾和偏差。在以人为本的教育理念的引导下，思想政治教育从课堂走入生活。简单的知识传授和理论灌输被认为是过于单一和抽象的，于是，思想政

---

① 赵汀阳. 每个人的政治 [M]. 北京：社会科学文献出版社，2014：197.

治教育生活化被一些学者明确提出来，其所秉持的教育观念也受到一定程度的认可。教育家蔡元培有言："仅仅灌注知识、练习技能之作用，而不贯之以理想，则是机械之教育，非所施于人类也。"① 从教育内容上看，马克思主义理论体系教育、形势政策教育、道德教育、爱国主义教育、民主法治教育、历史与文化教育等都可以被归为思想政治教育的内容。

以往思想政治教育是如何将这些内容呈现给受众的呢？这并非在考察形式和载体问题，而是追问思想政治教育的基本思路问题。以军队的思想政治教育为例，有演讲比赛、文化体育、参观见学等多种形式，但是，这些不是教育的主要形式。思想政治教育呈现教育内容，最常用的方式无外乎两种，一是政治课教育，二是念文件提要求。可以看出，思想政治教育主要是将教育内容知识化。近年来，为了更好地贯彻以人为本的教育理念，思想政治教育更加注重对教育内容的直观化、具体化、生活化展现，不再满足于知识的传授，更加注重对受众生活经验和既有认识的总结与提升，使得教育与人们的生产生活和思想情感体验相融合。如，个性化的心理服务，这在以往的思想政治教育中是不直接涉及的。而在一些因心理问题引发的事件被披露且产生广泛的社会影响后，心理健康与服务被逐步被认为是加强人文关怀的重要方式而纳入思想政治教育的工作范围和工作方法。

（二）注重个性培养，增强教育针对性

思想政治教育所要完成的使命任务通过工作目标体现出来。不同的历史发展阶段，党的目标任务也不断改变。思想政治教育工作目标始终

---

① 蔡元培.1900 年以来教育之进步//高平叔编.《蔡元培全集》第 2 卷［M］.北京：中华书局，1984.

与党的奋斗目标和中心任务之间总体上保持一致，促成党的目标的达成。从社会整体层面上讲，思想政治教育的总体目标是努力培养有理想、有道德、有纪律、有文化的社会主义新人。具体到不同的社会部门，培养目标各具特色。如习主席要求部队要培养有灵魂、有血性、有本事、有品德的新一代革命军人，培养合格的中国特色社会主义事业的建设者和接班人。思想政治教育所设定的总体性的培养目标对社会个体成员的发展目标具有一定的引导和规范作用。

在以人为本教育理念的指导下，思想政治教育在目标具体设定上，在符合总目标的前提下，更加注重受教育者的个性培养。这与我们所提出的思想政治教育实践原则是高度契合的，突出地体现了实践原则中主体相关原则。思想政治教育想要实现与主体内在相关，必然要和主体建立客观具体的联系。培养目标的个性化，因人而异，因材施教，则体现了教育活动与主体的直接相关性。如果对于不同的受教育者，采用同一个笼统的培养目标，那么，这样的目标显然是不能与每一人的发展目标都相同或一致。现在，思想政治教育的培养目标已经有所改变，在总的要求统一的情况下，倾向于促进每一个人做最好的自己。比如，当前开展的"中国梦、我的梦"教育活动，是将社会理想国家抱负与每一个人的理想追求联系起来，号召大家在实现民族复兴的大潮中，创造辉煌，实现自我。正如习主席所强调的那样"中国梦、强军梦是人民的梦、国家的梦、军队的梦，也是每个官兵的梦。"①

注重个性培养，形成自己的判断力，塑造独立人格，越来越受到思想政治教育理论研究者和实际工作者的重视。培养独立人格、健全精神是思想政治教育目标上更加注重个性培养的重要体现。正如蔡元培所认

① 总政治部. 习近平关于培养"四有"新一代革命军人重要论述摘编［G］. 北京：解放军出版社，2015：3.

为的那样，教育是养成人格的事业。思想政治教育不仅要传授相关知识，更需要培养人的良知，否则难以培养出合格的社会成员。思想政治教育所要达成的思想认识上的统一，所需的基础并不是把受教育者塑造成无头脑、无判断的"木偶人"，也不是培养表面一套背后一套的"两面人"；恰恰相反，思想政治教育的真正价值，在于培养和塑造理想信念坚定，有独立的政治判断力和道德底线的人。道理很简单，木偶人易被愚弄而行荒唐之事，两面人易骑墙头而行背叛之事。所以，思想政治教育，首先要"把教育主体视为具有自由思想、独立人格、价值追求、主体能动性的现实的人"①，继而培养出能够为自己的认识、判断、行为负责的人，而不是盲目跟从或者摇摆不定的人。任何不是经过深思熟虑的行为，都是随意的，不负责任的。对于思想政治教育而言，最需要警惕的有时不是持有某种不同见解的人，而是没有自己主见，随波逐流的乌合之众。历史已经表明，最容易被反动势力蛊惑和利用的，不是那些有主见的人格独立之人，而是那些缺乏政治定力依赖型人格的人。

（三）注重情理交融，增强教育感召力

思想政治教育在培养什么样的人的问题上，呈现出个性化的培养趋势。在如何培养人的自由个性上，进行了一些方法上改进和创新。这些方法上的探索，一定程度上反映出思想政治教育对理想道德人格和理想社会人格的构成因素以及形成条件的认识更加全面。比如"情理交融"的方法原则，近年来在思想政治教育理论研究和实际工作中受到了广泛的重视。这说明思想政治教育试图走出理性人假设的窠臼，把人看作是有感情的存在物，而不仅仅是有理性的存在物。

---

① 袁张帆，黄瑞雄. 当代思想政治教育发展新趋势：科学与人文的融合［J］. 江西社会科学，2010，（7）：209.

　　有学者明确指出"情理交融是思想政治教育应当遵循的一条基本原则，这已经成为人们的共识。"① 有学者对情理交融原则的应用做出探索，提出了一些具体方法，如感染教育法亦被称为隐性教育法。"感染教育法"，指"受教育者在无意识和不自觉的情况下，受到一定感染体或环境的影响、熏陶、感化而接受教育的方法。"② 科学地运用情理交融的思想政治教育方法需要注意一些问题。如了解和掌握教育参与者对某教育主题或特定教育内容的态度和情感倾向。思想政治教育组织者本身在具体的教育活动中必须自身饱含真实的感情，并且善于将这样感情准确地表现出来以感染受众等。感染教育法既不能装腔作势，也不能冷漠无情。

　　不过，教育组织者与教育活动和教育内容之间感情的建立是一个自然历史过程，不是简单地提出应该有感情就可以的。感情的产生是由客观事物在人脑中引发，而不是绝对命令的产物。人们生产生活经验诉求等在思想政治教育中得到很好的体现和表达，人们的真实感情、真实想法便可能被触发。反之，如果教育内容脱离人们的生产生活，仅仅是关于彼岸世界的畅想，则难以引发参与者的思考和共鸣。也就是说感染教育法的有效性的前提依然在教育与人们的社会实践的内在一致性上。

　　情理交融和感染教育法，比较直观地描述了现代思想政治教育中方法中所暗含着的实践原则的理论基础。其中，感染教育法的认识论基础，被有些学者解释为感性认识在人的思想品德形成、发展中具有一定的作用。教育方法本身的探索是有益的，而教育方法所依据的理论的解释却有失偏颇。感染教育法得以成立的理论基础，在于人的感情在人的思想道德形成中是不可或缺的。如，道德情感和阶级情感等对人们的政

　① 马运军. 论思想政治教育的情理交融原则［J］. 学术论坛，2001（6）：154.
　② 刘新庚. 现代思想政治教育方法论［M］. 北京：人民出版社，2006：237.

治和道德行为选择的影响是不容忽视的。所谓感染教育法，所要利用和激发的不是人的感性认识而是人的感情。

感性认识和感情是两个完全不同的概念。一般意义上的感性认识不是表示情绪上的认知过程和结果。比如桌子上放着一盘苹果，被我的视觉所捕捉到了，我得出一个感性认识，那里放着的是一盘苹果，而不是梨子。这样的感性认识并不是在描述人的主观的情感体验。因为，这里没有表达我见了那盘苹果时的心情，是高兴还是厌恶？是欢喜还是悲伤？都没有。所以，不是能将人的感情和人的感性认识相等同。感受、体验、感情，即不是认识的过程也不是认识的结果，是人的客观的心理过程，是人的基本的存在样式。当然，某些感情会由一些外在事物引起，但不能将人对外在事物的感性认识和人的情感直接等同起来。因此，对感染教育法的诠释是不能沿着传统的感性认识与理性认识的思路进行的。而是要充分肯定人的感情在人全部意识的形成当中的地位和作用。

至于人的感情是如何生成的问题，如果要跳出单纯的心理学层面考察的话，唯一合理的解释，是人的感情不是天生掉下来的，而是由人们的生产生活内容和所处的社会经济政治关系所决定的。社会性是人的感情的本质属性，正如鲁迅所言，焦大是不会爱上大观园里的林妹妹的。可见，感情并不是单纯的个人的主观感受，而是一种社会意识形式，是一种对象性的存在。比如，爱国主义情感是一种高尚的情感，为广大人民群众所朴素地共同保有着。在国家危难关头，爱国主义情感往往是民众以身报国的思想基础。正是有了这样的基础，思想政治教育中的感染教育法才能得以开展。

（四）注重技术融合，增强教育时代性

现代思想政治教育的学术研究和实际工作均对技术手段的地位和作

用给予了充分的重视，并对技术进步给思想政治教育带来的影响保持着浓厚的兴趣。这充分表明社会生产力的发展是整个社会发展最终决定力量。人们的生产生活方式及其相应的社会运行逻辑是思想政治教育必须切实把握和理解的内容。人们的信息化存在已经是常态，思想政治教育在教育手段上注重技术融合，实质上是在和受教育者的感性存在相融合。因为技术已经不是生活的手段而直接构成了生活本身。

首先，思想政治教育已经开始正视和面对当代中国人的数字化生存的事实。思想政治教育学最新的研究成果已经从互联网时代的人的生存状况的角度，将数字技术给人带来的影响和变化，定位到了"人的虚拟生存"的层面。① 如果说虚拟性重在说明数字时代人的生存状况的性质特征，那么，"人的数字生存"将在更为基本的意义上，表明数字时代人的生存状态本身。这一层面上的思考，主要是将数字化技术与人的存在状态相关联，不是在器物层面，而是在本体论的高度进行思考。数字技术不仅开辟了除自在自然、人化自然之后的第三种数字化的网络空间，拓展了人类的生存疆域，而且，使人类的生产生活突破二维时空的限制走入数字时代，为人的平等化个性化发展提供了技术支持。数字技术在生产领域引起了革命性的变化，大大降低了商品生产的盲目性，提高了商品生产的精准性和有效性。

生活领域，数字化的实时通信，充分保证了人的信息需求，密切了人与人之间的联系，大大提高了社会沟通效率，使得人与人之间的时间差降低至零附近。社会关系的紧密程度、丰富程度、联系效率较非数字时代有了质的飞跃。思想意识领域，信息的共享性促进了人的公共意识的增强，信息的即时性使得高效成为被普遍认可的价值。人的认知方式

---

① 王英志. 人的虚拟生存方式与网络思想政治教育［D］. 长春：东北师范大学，2015：1.

及自我表达方式，也因信息供给充分而更加自由和多样。人的数字化生存，对传统意义上的思想政治教育而言是一种客观的存在，既不能被无视，也无法被抹煞，积极作为，数字化生存是机遇。消极应付，则数字化生存是挑战。

其次，思想政治教育逐步发展出了最新的网络化形态。用"网络思想政治教育"表示数字时代的思想政治教育的新的发展形态，目前已经受到了广泛的认可。"网络思想政治教育"的概念由国内学者在2000年明确提出。① 以虚拟性和现实性为划分标准，思想政治教育被划分为现实的思想政治教育和网络思想政治教育。网络思想政治教育突出了网络时代思想政治教育的特殊性，类似于将战争分为冷兵器时代战争和热兵器时代战争一样，对于提高认识和深化研究有一定的积极意义。思想政治教育的形态演变与人类社会生产力的发展和社会形态的演变总体上是一致的。

从古至今，思想政治教育的前身经历了神秘主义的政治欺骗、宗教和伦理的道德教化、现代资产阶级虚伪的意识形态宣传等不同阶段和形态。虽然网络思想政治教育，并不足以概括思想政治教育的阶级属性，却能从技术层面反映思想政治教育环境和方式的新发展，一定程度上反映了人们对思想政治教育本质的认识和把握。网络思想政治教育下一步的发展趋势是从虚拟技术平台意义上网络化向社会整体意义上网络化发展。也就是说，通过信息技术平台可以整合党、社会、家庭、学校、单位等思想政治教育的全维资源，使其形成有机的统一体并保持时间上和内容上的连续性。

再次，思想政治教育载体的全面数字化。这里是将数字技术所代表

---

① 张筱容. 网络思想政治教育研究的三个阶段及特点［J］. 高校辅导员学刊，2016（4）：33.

的物质技术完全定位在器物层面。从时间上看，思想政治教育，网络时代到来的早期，主要将网络、现代传媒平台等更多地看作新技术、新空间、新方式。如 2000 年前后中央关于思想政治教育工作的指导性文件，也是从新技术的重视和运用的角度，强调加强信息网络技术的使用力度，以扩大思想政治教育的影响覆盖面，提高其影响力。学者们思考的重点之一也是新技术给已有的思想政治教育带来挑战和机遇等。这表明，网络等及其他数字技术作为新生事物，刚刚出现于人们的生产生活当中，给大家的思想认识带来的冲击和影响。面对新技术，思想政治教育工作者的心态也是试探性的，从一开始的新鲜好奇到逐步了解和认识。在我国数字技术及其应用，十几年间飞速发展。截至 2015 年年底，中国的网民数量已经达到 6.88 亿，互联网普及率超过 50%，网民周上网时间为 26.2 小时。互联网使用情况涉及人们生活的各个方面：获取资讯、进行社交、网络购物、订单餐饮、预约旅游、网上支付、网上约车等等。① 在国家层面，党的《十八届五中全会公报》正式提出要实施网络强国战略，拟将"互联网＋"推广到可以推广的各个领域当中去。

思想政治教育尽管已经较早地关注了网络，但是新形势下，数字化载体所承载的不仅是思想政治教育教学的信息，更多地是教育观念、样态的数字化转变。因此，未来思想政治教育也应与"互联网＋"实现深度融合，充分挖掘全社会的教育潜力、专业工作者的教育能力、个人的学习兴趣和动力，实现全维度、全时空、全社会的跨越式发展。

---

① 中国互联网络信息中心.中国互联网络发展状况统计报告［R］.2016－1－23.

第三章

基于实践原则的我党思想政治教育历史
考察

1843 年，马克思在《黑格尔法哲学批判导言》中提出"我们是当代的哲学的同时代人，而不是当代的历史的同时代人"。① 并且认为以黑格尔思辨的法哲学为代表的德国哲学远远走在了当时的德国的现实即德国经济、政治、社会发展的前头，因为，这一理论体系是以英国和法国波澜壮阔的资产阶级革命为历史蓝本的。考察中国共产党思想政治教育的历史，我们发现了相反的情况，那就是中国共产党思想政治教育实践是走在"思想政治教育学"相关理论前头的。实践原则在党的思想政治教育史中是被自觉贯彻了的，而相应的理论构建却滞后了许多。

基于思想政治教育是无产阶级阶级意识形态建设专属概念的理解，本章参照中共中央党史研究室著《中国共产党的九十年》中的党史分期②，分别考察不同历史阶段，我党的思想政治教育坚持实践原则的状况。并得出结论性认识：实践原则是无产阶级的思想政治教育史自身写就的。

---

① 马克思恩格斯文集：第 1 卷 [M]．北京：人民出版社，2009：9.
② 中共中央党史研究室．中国共产党的九十年 [M]．北京：中共党史出版社、党建读物出版社，2016.

一、新民主主义革命时期的思想政治教育

新民主主义革命时期指从中国共产党的创建到新中国成立这一历史阶段。基于实践原则的思想政治教育历史考察，重点研究不同历史时期思想政治教育体现实践原则的总体情况与特点。作为存在论层面的历史考察要将党的教育活动置放于其所赖以产生的社会关系主要是政治关系以及社会关系的演变当中去考察。总体而言，新民主主义革命时期的思想政治教育较为充分的体现出了实践原则，教育和革命之间形成了相互促进的良好状态。

（一）党成立时期的思想政治教育

无产阶级思想政治教育的产生是无产阶级的革命斗争的迫切现实需要，是谋求无产阶级革命政党内部的思想统一的需要，也是无产阶级政党和广大人民群众形成思想认识上高度一致进而谋求行动上高度一致的需要。思想政治教育产生于无产阶级的革命斗争，其目标不在于将受教育者培养成为君子或圣人，也就是说思想政治教育的出发点不是道德层面上实现个人的德性之完善或者崇高，而是以思想政治教育的开展促使无产阶级最大程度地形成自己的阶级意识，理解、支持、参与实际的推翻帝国主义和一切剥削阶级统治的革命斗争。① 思想政治教育不仅是要启发无产阶级政治觉悟，更加根本的是在实际的社会关系的变革中谋求无产阶级自身和全社会的解放。因此，启发觉悟的教育是紧紧围绕着开展政治的革命实践进行的。因此，思想政治教育就其产生而言，是无产

---

① 1924 年党中央通过的《党内组织及宣传教育问题决议案》指出："我们的职责，便在于训练产业无产阶级群众的阶级精神及阶级意识"。中央档案馆. 中共中央文件选集：第 1 册［G］. 北京：中央党校出版社，1982：8.

阶级政治革命需要的产物，而不是普通的国民教育的产物。其本质属性不在教育，而在政治。如果说教育是用思想批判思想，那么，政治则是用物质力量来批判思想。恩格斯回顾欧洲工人运动时认为，经过很多年，阶级意识才引导欧洲各国工人阶级把自己组织成为一个特殊的政党。① 这样一个无中生有的"感性—对象性"活动，说明经过思想政治教育活动长期的努力，无产阶级按照自己的目的建立了自己的政党，现实地改变了旧的社会关系。无产阶级要想谋得自身的解放，必须首先在思想上获得阶级意识即政治上觉悟。有效的宣传和教育是群众积极参与政治革命的重要途径。只有广大人民群众真正被充分教育，理解并认可了政党的政治理想和目标，才能积极参与到革命中来，为之贡献力量。启发觉悟是紧迫的任务，更加紧迫的任务是更加紧密地团结起来，更加有效组织起来，成为独立而成熟的政治势力，从而能够在复杂的社会矛盾和斗争中，发展并拥有现实的斗争力量。建立无产阶级的独立的政党组织势在必行，于是中国共产党应运而生。

思想政治教育源自于革命实践需要，又推动着革命实践向前发展。中国共产党成立后，思想政治教育发挥出强大的精神引领力和社会塑造力，早期工人运动开展得轰轰烈烈，无产阶级的政治"革命"和政治"教育"之间形成了良性的相互促进的关系。也就是说，作为精神性的教育和作为社会性的革命，能够在实际的斗争中，互相促进、互相补充，相互促进。当思想政治教育和社会现实相一致，能够帮助产生巨大的政治力量。同时，思想政治教育也能够借助有利的政治形势进一步巩固和扩大教育效果。"精神活力实在是比人数更重要的政治力量，一个人数众多的群体未必有活力也未必有影响力，因此也未必能成就什么大事，只有当人们是有活力时才成为'有效人群'——这一点可以解释

---

① 马克思恩格斯文集：第4卷［M］．北京：人民出版社，2009：318.

为什么在革命的时候，那些被唤醒的大众变得特别重要。"① 党成立伊始便成功领导了如"京汉铁路工人大罢工"等反帝爱国运动。现实的政治力量是巨大的，是感性的具体的。马克思主义作为思想经过宣传和教育，能够得到广泛的认可，为党的革命事业调动起了深刻的精神力量和政治力量。中国共产党的成立及其领导的早期工人运动这样一种"物质性"的政治实践与中国的无产阶级阶级意识的唤醒这样一个"精神性"的政治实践是相辅相成，相互促进的。一硬一软共同构成了中国共产党全部政治生命的主要内容。其中，思想政治教育以党的革命实践为基础，并通过阶级意识的启发，使无产阶级政党与广大工人群众之间达成了思想情感上的一致性和革命行动上的协调性。

国民革命时期，中国共产党实现了思想政治教育责任主体与实质主体的统一，充分发挥思想政治教育领导者、组织者和实施者的主导作用，独立自主地开展与反动势力之间的人心争夺战，以高度自觉性组织起了宣传职能部门，办出了具有较大影响力的报纸和期刊，为唤醒无产阶级的阶级意识，巩固党对工人阶级斗争和民族革命的思想领导，并为其组织领导提供了有力的保障。

国民革命中，中国共产党在思想政治教育上表现出的主动性和创造性，集中展现了思想政治教育主体性原则，表明党的思想政治教育"是以马克思主义为指导思想的，由中国共产党这个中国人民和中华民族的先锋队领导、承担、发动和实施的社会主义意识形态教育实践。"② 中国共产党在成立初期，特别是党的四大之后，已经清醒地意识到了宣传教育的重要性，并成立专职机构——中共中央宣传部，专门负责党的

① 赵汀阳. 每个人的政治 [M]. 北京：社会科学文献出版社，2014：143.
② 项久雨，胡庆有. 论党的一大对思想政治教育的开创性探索 [J]. 思想政治教育研究，2015（6）：15.

路线方针政策的宣传和教育。1921 年 7 月在中国共产党的成立大会上，通过党纲和决议"以党内根本大法形式规定了思想政治教育的性质、原则、方针及任务"，"并设专人负责宣传工作"。① 党的三大之后又组建了专门的负责教育宣传的职能部门，1923 年成立了党的教育宣传委员会，1925 年四大后正式设立中宣部。从此中宣部作为中国共产党教育宣传工作的领导机构和职能部门一直延续下来。组织机构和运行机制的建立，意味着共产党的教育宣传工作有了明确职能与责任主体。

国民革命时期，党在思想政治教育方面做了大量开拓性的工作。如黄埔军校的政治教育及东征、北伐实战宣传工作，建立农民运动讲习所培养农民运动骨干，筹划出版了《新青年》《向导》等党报党刊，翻译出版了《共产党宣言》《哥达纲领批判》《共产主义 ABC》等马克思列宁主义理论著作，尝试着开办类似安源党校、北方区委党校等干部教育培养机构，等等。思想政治教育在共产党的四大以后逐渐正规起来，并在国民革命时期创造出了一个小的辉煌，显示出鲜明的创造性特征。能动作用的发挥是思想政治教育主体的主体性的基本内涵。

周恩来等早期军队政治工作者更是以高度自觉意识和创新精神，在非共产党独立领导和掌握的武装力量中，建立宣传教育机构、开展教育授课、进行战地宣传、集结革命青年，并首次提出了"军队政治工作"的新思想，开创了军队思想政治教育的生动局面。其中，黄埔军校、国民革命军和国民军中思想政治教育的开创是此一时期思想政治教育主要成就的代表。1924 年 1 月，国民党和共产党开始了第一次国共合作。1924 年 5 月中国国民党陆军军官学校即黄埔军校正式创办。"在国共合作建立军官学校，培养建军骨干的同时，我们党还担负起在国民革命军

---

① 王炎. 党内思想政治教育制度建设的历史进程与经验研究［M］. 北京：中央编译出版社，2016：13.

中创设和领导革命政治工作的重任。"黄埔军校以苏联红军为榜样，建立了政治工作制度，并向国民革命军和国民军中推广。① 黄埔军校的宣传教育工作以反帝反封建为中心，军校政治教育以国民革命的宗旨和主义教育为主体，以此为基础，培养出了一批拥有革命理想的爱国军官，革命军将士对战争的革命性质认识比较清楚，作战纪律严明，形成了与旧军阀军队的鲜明对比。尤其是改组后的学校被当时的熊雄主任描述为军事政治并重的革命党员制造所。② 1926 年 9 月冯玉祥的国民军在五原誓师，正式参加北伐。稍后，为解决革命的主义问题，大力整顿部队涣散风气，在军中成立了政治部负责全军的政治工作。思想政治教育随着黄埔学员参加北伐而进入了实战，战斗中"官兵勇敢精神颇为友军所赞叹"。③ 由于对普通民众有力的宣传教育，纠正了民众对革命军的一些误解，改善了军民关系，使革命军队得到了群众的有力支援。

　　可以说，国共合作后军队中的思想政治教育基本实现了孙中山先生的愿望——"通过党代表制度来保证党的主义和政策在军校中贯彻执行。"④ 这一点可以从民国学者刘仲敬的论述中得到印证"革命战争模糊国家概念，强化党派概念。"⑤ 在军队开展思想政治教育后，共产党的思想政治教育范围由党员和群众扩展至武装人员，"使军阀军队渐渐觉悟，革命军队确实具有革命观念"⑥。思想政治教育一定意义上实现了对旧军队的改造，共产党也因此得以在旧军队势力中培养出了诸如国民革命军第二军等新力量。军队的思想政治教育，经受了东征和北伐的

---

① 张雪峰，陈稳. 北伐战争期间中国共产党在国民军的思想政治教育工作［J］. 科教文汇，2006（12）下：185 - 186.
② 曾庆榴. 共产党人与黄埔军校［M］. 广州：广州出版社，2013：297.
③ 曾宪林，曾成贵，江峡. 北伐战争史［M］. 成都：四川人民出版社，1991：85.
④ 王树荫. 中国共产党思想政治教育史［M］. 北京：中国人民大学出版社，2011：30.
⑤ 刘仲敬. 民国纪事本末 1911 - 1949［M］. 桂林：广西师范大学出版社，2013：173.
⑥ 周恩来军事文选：第 1 卷［G］. 北京：人民出版社，1997：12.

实战考验，不仅对当时的战争产生了有力的推动作用，其所开创的教育制度和模式也成为党独立领导武装力量开展思想建设的有益尝试。"军队设立了党代表和政治部，这种制度是中国历史上没有的，靠了这种制度使军队一新其面目。"①

（二）土地革命战争时期的思想政治教育

大革命失败后，1927 年 7 月中共中央发布通告指出中国共产党领导的革命斗争进到一个新阶段——土地革命战争的阶段。以此为始，斗争中心逐步实现由城市向农村的转移，中国共产党开始着手建立自己独立领导的武装力量，创立革命根据地，取得局部执政权。此一时期是中国共产党独立领导革命、创建人民军队、开展根据地建设的重要时期。随着革命形势的变化，革命道路的改变，思想政治教育呈现出了不同于工人运动和旧军队中政治教育的存在样式和特点。思想政治教育相关性原则得以凸显出来，这就是思想政治教育与本国的革命斗争实践密切相关，与教育对象的身家性命和切实利益密切相关，与每个革命者的革命行动密切相关。

首先，思想政治教育在理论构建方面与党独立领导的中国革命实践之间的直接相关性增强，与俄国等别国间接革命经验的相关性降低。井冈山革命根据地建立后，毛泽东以中国共产党领导土地革命战争为历史内容，及时总结军事斗争和根据地建设经验，撰写了《中国的红色政权为什么能够存在?》《井冈山的斗争》《星星之火 可以燎原》《反对本本主义》等一系列阐发"工农武装革命思想"的文章，为党所开辟的新的革命道路进行了科学说明。土地革命战争时期，中国共产党在思想上、认识上开始逐步摆脱对俄国革命经验和模式的依赖，独立自主地研

---

① 毛泽东选集：第 2 卷［M］．北京：人民出版社，1991：380.

究本国国情，探索符合自身实际的革命道路。大革命失败宣告了中国共产党在成立初期效仿俄国以城市为中心革命路线的失败。党的思想政治教育，面临着一个重要的理论构建任务，那就是党的理论思考视野必须由外国间接经验转为党自己领导的中国的斗争实践，及时科学地总结大革命时期党的斗争经验与教训，为即将开辟的新革命道路提供理论支持。

大革命失败后由向外学习模仿转为独立思考和创造，党的理论开始了从马克思主义的学习宣传向准确运用于中国革命实际的探索。大革命期间党的理论工作主要侧重于阶级斗争理论等马克思列宁主义的传播、俄国十月革命经验的宣传。以"八七"会议为标志，党适时地调整了工作方针和主要任务，党的策略是独立的工农阶级斗争，以自己的军队开展土地革命战争，建立工农专政政权。经过南昌起义、秋收起义、广州起义等革命军队攻打大城市的失败挫折后，党领导整个革命武装转而退向农村。大革命时期中国共产党领导革命的历史一共不足十年，党自身思想建设组织建设等方面都还不够成熟，加之，党的指导思想——马克思主义是经苏联转道传播而来，各种综合因素的作用下党在当时的理论思考和斗争方针的制定更多地是以马克思经典论述为指导，向苏联学习，而不是以自身革命斗争实践为依据。

与此同时，党在实际的斗争策略在组织上受到了联共（布）和共产国际的远程控制和影响，甚至是某种程度的有违民主集中制的集权式领导①，这样的领导和影响由于远离中国本土和中国革命实际，并非总是准确的或正确的，也因此成为共产党大革命期间右倾错误的直接影响因素。如在共产国际用以指导中国革命的"东方战略"中，对中国的反帝斗争给予了充分重视，但是，对中国的反封建任务则认识不够充

---

① 姚金果，苏杭. 解读：中国大革命史 [M]. 福州：福建人民出版社，2006：110–129.

分，从战略层面已经局部脱离了中国实际①。具体到一些重大问题的决策上，也出现了或左或右的偏差。例如，在对"中山舰"事件的态度上，在共产国际和苏联的影响下，中共中央最后向蒋介石所代表的国民党新右派做出了妥协。

其次，党的路线、方针、政策的正确与否与革命事业的成败息息相关。正确的革命道路的充分宣传教育和每个革命者的身家性命息息相关。党用自己的理论教育广大革命者和革命群众，而党的斗争实践却在不断地"教育"着党。大革命失败的惨痛教训换回了中国共产党新的理论上的思索和新的革命道路的探索。从 1927 年的"八七会议"到1928 年的党的"六大"可以看作中国共产党大革命挫折后的一个冷静期和准备期。经过一年左右的思考与争论，党的"六大"澄清了一些模糊认识，形成的一系列决议案，并且修改了党章。在资产阶级背叛革命的情况下，对中国社会的性质和中国革命的性质，做出了新的正确的判断——中国当时依旧是半殖民地半封建社会，所进行的依旧是资产阶级性质的民主主义革命。党的"六大"也遗留了一些问题，包括对中国革命的长期性复杂性估量不足、阶级构成及革命性质分析不准、党的工作重心依然是城市、组织构成上的"唯成分"论倾向等。这些无论正确或是不完全正确的认识，无一不是建立在数以万计共产党员的鲜血和生命之上的。

正确的认识能够给实践带来希望，而机会主义、盲动主义只能给实践带来灾难。而且，残酷失败的事实教育了共产党人，迫使他们警醒和思考。尤其是在共产党直接领导革命军队与敌人短兵相接的时候，正确的战略战术及其贯彻落实的现实意义更加重大。革命不是请客吃饭，任何错误的或摇摆不定的策略，都会让革命者付出生命的代价，甚至使革

---

① 姚金果，苏杭. 解读：中国大革命史［M］. 福州：福建人民出版社，2006：3.

命事业面临被扼杀的危险。"共产党的正确而不动摇的斗争策略，绝不是少数人坐在房子里能够产生的，它是要在群众的斗争过程中才能产生的，这就是说要在实际经验中才能产生。"①

再次，在"打土豪、分田地"的土地革命战争时期，农民的教育与动员，配合着教育对象最迫切的现实问题的解决，从方法论的层面体现着思想政治教育的相关性原则。这一时期中国共产党对农民的思想政治教育，主要任务依然是建立起农民与革命的有机联系。这种联系一方面表现为革命运动更好地实现了农民的切身利益，一方面表现为革命的理论极大地促进了农民的觉醒。通过得力地教育，共产党及其领导的革命事业与广大农民同时建立起了密不可分的"利益相关"和"心灵相关"。尤其是中共六大以后，在毛泽东、朱德等领导的井冈山革命根据地，由于对农民和农民斗争在中国革命中的地位和作用比当时的中央认识更为深刻，实际地教育效果最为理想。如1928年湖南省委通告（第二号）提出"在暴动的区域内，必须普遍宣传'没收一切土地，分配农民耕种'等口号"。② 且"打土豪，分田地"不仅是口号，更是党教育动员农民参加红军进行革命的最得力的举措。以井冈山革命根据地为例，根据地先后分别推出了不断完善的两部《土地法》，没收地主土地，分给农民耕种。土地分配完毕，颁发权威的土地证。这些土地政策，动摇了封建经济的根基，使得广大农民获得了土地的所有权和使用权，维护和促进了农村大多数人的利益，改善了他们的生活面貌。"是土地分了，即有农民自然的呼声，如：'这样要共产党真万岁就好'"。③

---

① 毛泽东选集：第1卷 [M]．北京：人民出版社，1991：115.
② 中国共产党历史资料丛书：井冈山革命根据地：上册 [G]．北京：中共党史资料出版社，1987：157.
③ 中国共产党历史资料丛书：井冈山革命根据地：上册 [G]．北京：中共党史资料出版社，1987：131.

现实利益的满足为农民的教育提供了最坚实的基础。党的教育宣传策略正是以此为基础，引导农民从自身已经获得及可能获得的利益出发，理解共产党的政策，认可共产党的主义，支持共产党的革命事业。广大农民获得土地后，为了维护好自身利益，积极参加红军，保卫苏维埃政权。

这一时期，在教育方式上能够联系农民自身特点加以准确挖掘。封建小农经济造就了普通农民重感情、讲仁义、懂感恩等特点。而党的宣传和教育工作非常注重农民先天的朴素情感和心理的借用。用对根据地建立前后农村和农民现状的对比，激发广大农民对党和红军的感激之情，对军阀及地主恶霸的憎恶之情。从而在思想上和情感上孤立敌人，团结群众，为党赢得了有力的支持。同时，对农民身上固有的分散保守等小农意识，通过组织意识纪律观念等灌输来加以改变。总之，党的"打土豪、分田地"的政策及相关宣传、土地革命战争与广大农民的思想情感、利益诉求和政治需要之间形成了有机的契合关系。党在土地革命战争中生动的教育实践非常明显地体现出了思想政治教育相关性原则。

（三）抗日战争时期的思想政治教育

1931 年"九一八"事变爆发后，中国共产党已经明确提出了建立抗日民族统一战线的主张。随后日本加紧侵华步伐，民族矛盾不断加剧，中华民族面临亡国灭种之危险。1936 年西安事变和平解决，抗日民族统一战线正式确立。1937 年 7 月全面抗战开始后，党的思想政治教育重点变成了以抗日民族统一战线理论教育和武装全党全军。"党的思想理论上的创新为思想政治教育提供内容方面的创新。全面抗战开始以后，以毛泽东为代表的党的理论家以中国共产党革命斗争历史为基础，学习原理、总结历史、深入调查，丰富完善新民主主义的理论体系使之趋于成熟。党中央对国内矛盾演化和时局发展做到了准确把握，表现出高度的理论自觉。始终承认实践的优先地位，不墨守成规，根据现实需要及时主动推进党的理论创新并及时用发展着党的理论教育武装全党、全军和广大群众。

为对共产党的抗日主张进行不同层面的理论阐释，毛泽东、张闻天、周恩来等先后完成了《论持久战》《矛盾论》《实践论》《抗战军队的政治工作》等多篇理论文章。哲学思想方面，《实践论》在认识论的意义上强调实践相对理论的优先地位，旨在说明中国的革命实践是中国的马克思主义的基础和源泉，从而反对从"本本出发"的教条主义及其消极影响。《矛盾论》从辩证法的角度，说明发展变化是事物之常态，不同阶段特点不同，强调矛盾特殊性的地位和作用，重在指明国情不同，革命道路也不完全相同，革命发展的不同阶段，形势任务不相同，斗争策略要相机而动。一成不变地看问题或忽视个性特征过分强调共性，有违唯物主义的辩证法。① 军事战略方面，提出了全面的持久抗战战略，反对单纯的军事主义的观点和速胜论，注重发挥广大人民群众在战争中的作用，重申了军队政治工作的生命线地位等；社会政治目标和道路方面提出多党合作民主建国等思想。从教育方法上看，全面抗战时期的思想政治教育，坚持实践原则，将党的理论与战争实践、社会现实生活紧密联系，化抽象为具体。正如毛泽东同志在《论持久战》中强调的那样"不是将政治纲领背诵给老百姓听，这样的背诵是没有人听的；要联系战争发展情况，联系士兵和老百姓的生活，把战争的政治

---

① 孙正聿. 毛泽东的"实践智慧"的辩证法——重读《矛盾论》《实践论》［J］. 哲学研究，2015（3）：3.

动员，变成经常的运动。"①

　　土地革命战争时期，经过毛泽东等党的领袖的思考和总结，中国共产党初步创立符合本国实际、具有中国特色的革命理论。从而阶段性地完成了无产阶级阶级意识的第一个对象化环节。党的舆论宣传、干部教育、农民教育、红军中的政治教育等工作意味着第二个对象性环节与第一环节同步进行。思想政治教育是否使得党的新的路线方针政策和红军的战略战术为党员、干部、红军指战员所熟知和领悟，是否为党在群众中赢得了更广泛的信任和支持，是否成功地塑造了本党所代表阶级的意识形态，通过实战即可明了。党及党自建立以来的思想政治教育最为严重的大考就是红军的长征。经过长征的艰难考验，中国共产党和党领导的工农红军在政治上、思想上不断走向成熟，一定意义上完成了自我再造。长征的胜利说明经过近十年的革命战争和党强有力的政治教育，由农民、小生产者和部分工人组成的红军已经成长为一支无产阶级的革命队伍。这支革命队伍创造了伟大的长征精神，代表着思想政治教育巨大的对象化成果。

　　党和红军在长征途中开始摆脱长期以来的教条主义的困扰和束缚。长征胜利时，党纠正了以往的错误，战胜了自我，变得更加自立和成熟。简单回顾历史便可判断出，"左倾"冒险主义的错误不但没有使中央苏区取得第五次"反围剿"战争的胜利反而兵败城弃，革命根据地日益萎缩，陷入生存困境。1935 年元月，遵义会议改组中央领导机构，变更了红军军事上的指挥权，最终选择了正确的战略战术，终止了"左倾"思想在军事斗争中的执行，党从而摆脱了"右倾""左倾"等教条主义的束缚，"第一次独立自主地按照中国实际情况实事求是地解

---

　　①　毛泽东选集：第 2 卷［M］. 北京：人民出版社，1991：481.

决自己的问题。"① 经过长征的实践教育，红军完成了自古田会议确立起来的政治建军的任务，成长为与旧军队有着本质差别的、当之无愧的党领导的革命军队。

中国共产党领导的武装力量主要由农民构成。为了将这样一支以农民为主体的军队，变成真正的无产阶级性质的军队、革命的军队。党在建军过程中，制定了党指挥枪的原则，加强军队思想政治教育清除各种非无产阶级思想，实行民主制度破除军阀作风习气。长征是战略转移，离开了根据地给养奇缺，敌人一路围追堵截，途径雪山草地，自然环境恶劣，面对重重"天灾人祸"，党和红军完成了"一次理想信念的伟大远征"② 不但战胜了来自敌人的围堵，而且战胜了来自内部的分裂，维护了党的集中统一领导和中央权威。强渡大渡河的勇士、飞夺泸定桥的英雄无不是以共产党员为主体组成的英雄集体。普通的共产党员吃苦在前享乐在后，为克服困难、战胜敌人、胜利完成长征，提供了积极的政治保证。③

艰苦卓绝的长征塑造了伟大的长征精神，集中体现出无产阶级意识的精华，也铸就了民族精神的新高度，为以后党的思想政治教育留下独一无二的精神宝藏。毛泽东回顾长征时深刻地指出："长征是宣言书，长征是播种机，长征是宣传队。"④ 伟大的长征的胜利代表坚定理想信念力量、爱国主义力量、革命英雄主义力量、人民力量的胜利。中国共产党所开展的思想政治教育，不仅是单向的无产阶级意识形态的灌输，同时也是有别于旧的剥削阶级思想意识的培育和塑造。而党和党领导的

---

① 亓阵之. 土地革命战争如火如荼［M］. 北京：北京出版集团公司，2011：165.
② 习近平. 在纪念红军长征胜利 80 周年大会上的讲话［N］. 人民日报，2016 - 10 - 22（2）.
③ 黄宏. 长征精神［M］. 北京：人民出版社，2006：29.
④ 毛泽东文集：第 1 卷［M］. 北京：人民出版社，1991：150.

军队则是新的无产阶级思想意识得以生发的主体。党和党领导的革命与建设事业则是新的无产阶级思想意识依赖存在的实践。思想政治教育对象性原则，在长征精神的总结提炼中体现为及时准确地将实践活动中蕴含的精神提炼出来，对象化为相应的理论表达，并将其再次对象化为中华民族特定的价值观念、民族情感和历史记忆等。长征精神既是党长期的无产阶级意识形态教育的结果，又是新的加入了长征精神的新一个阶段的思想政治教育的起点。

全面抗战时期，思想政治教育的对象范围不断扩大，决定了统一战线理论的宣传和教育须高度重视现实的针对性，不同教育对象和教育内容，教育的着力点各不相同。针对党员干部红军和解放区的群众，统一战线的思想教育应突出政策变化的必然性。重点阐释统一战线理论是共产党与国民党两种政治势力之间的从斗争到合作关系的转变是中国社会矛盾演化的必然结果。红军和国军由对手到战友的改变根源亦是如此。针对国民党军队的抗日宣传和教育，侧重于从敌占区的灾难性后果以及这些后果和他们之间必然性的关联中揭示全民族共同武力反抗日本侵略的必然性。如：针对国民党东北军中大量官兵故乡沦陷妻离子散的事实，针对他们的教育方式主要是通过对类似事实地揭露，强化其对日仇恨，激发官兵对国民党反动派"不抵抗"政策的不满，增加其两党合作共同抗日的意向。针对民主党派和国民党上层人士、中高级将领等，则突出民族大义期待与之共赴国难，争取他们对"停止内战、一致对外"的支持。针对广大八路军、新四军指战员，重点教育他们妥善处理与国军的"斗争与合作"的关系，保持抗战领导权的独立自主；在军事上，坚持党的持久战、全面抗战、游击战等战略战术，坚决抵制速胜论、亡国论、唯军事论等错误思想。

从教育结果上看，全面抗战时期的延安整风运动巩固并升华了党在此之前二十年的教育成果。通过整风，在党和党领导的政权组织及武装力量中，有效战胜了各种非无产阶级落后的思想和方法，促使了党领导武装组织、政权组织的阶级性质完成量变到质变的蜕变。一个脱胎于旧社会却又完全不同于旧社会的全新的无产阶级的政党、边区政府和人民军队在古老的黄土高原上诞生了。延安整风运动可以被解读为党的思想政治教育历史上理论联系实际的典范，是历史唯物主义的实践原则通过党的思想政治教育活动体现出来的一次典型案例。在思想认识层面，将马克思主义理论学习与中国共产党党史研究相结合，总结中国革命自身的规律，形成了实事求是的思想路线；在工作作风方面，将马克思主义理论学习与改进党的政治作风相结合，形成民主集中制的政治原则；在表达方式方面，将马克思主义理论学习与改正党的文风相结合，形成言之有物的朴实文风。在"整风运动"后期，出现过短暂的所谓"抢救失足者运动"，短时间内制造了一定的冤假错案，使教育整顿活动异变为有组织、有计划地、查找和排除异己的活动以及组织内部不同派别之间的相互打压异己的机会和手段。"如果说寻找外部敌人能够增强政治凝聚力和信念合法性，那么寻找内部敌人却只能形成完全负面的内耗、分裂以及无理由的仇恨。"① 由此观之，思想政治教育与政治运动等政治性实践活动相结合并非完美无缺，运用不力同样暗藏危机。

（四）解放战争时期的思想政治教育

首先，抗日战争取得胜利表明中国共产党正确的政治理想和军事战略得到了实现。这使得党的理论获得了最为坚实有力的实践支撑。可以说，抗战胜利成为党的政治教育与革命斗争实践相互促进和彼此印证的典范。一方面，党以及党的理论经受住了实践的考验；抗日战争的胜

---

① 赵汀阳. 每个人的政治 [M]. 北京：社会科学文献出版社，2014：154.

利，以不可辩驳的现实力量告诉世人中国共产党政治理想的现实性、革命战争的战略战术的正确性、全面抗战理论的科学性。前一时期党的新民主主义革命理论包括统一战线理论以及持久战战略构想等当时思想政治教育的主要内容变成了现实。另一方面，有力的思想政治教育对战争发展起到了积极的引导和推动作用。中国共产党对于中国政治前途、革命道路、战争战略的真理性的认识对抗日战争斗争实践发挥了不可替代的指导作用。理论与实践的一致让人民群众认识到了共产党的阶级性质、政治能力和发展前途，从而为党赢得了广大人民群众的信任支持，同时也坚定了全党全军对国民党及其军队决战胜利的信心。

其次，思想政治教育主体性原则在解放战争时期得到发扬光大，群众自我教育开展得轰轰烈烈，在根据地民主建设的支撑和配合下，取得良好的效果。国民党假和谈、真内战的虚伪面目逐渐被揭穿后，为了配合解放军军事上的行动，1947 年秋中共中央制定并颁布了《中国土地法大纲》。此法令的颁布，废除了我国持续近两千年的封建土地制度，抗战时期的"减租减息"变成了新的"耕者有其田"政策，从而及时满足了解放区广大农民对土地的渴求，维护和发展了广大群众的经济利益。与土地政策相配套，解放区开展了生动活泼的政治民主建设，从根本上改变了旧的社会关系——封建制度下的阶级压迫，创造出了豆选等简单易行的民主选举形式，最大程度地保障了普通农民的民主权利。①

在旧中国政治一向都是肉食者谋之，国家和社会的控制权被少数有文化的贵族精英包揽。封建国家始终是封建地主阶级维护利益及政治统治的工具。豆选等政治民主形式成功地给予了人民冲破文化限制和政治局限的机会，让广大不识字的群众有了参与政治的机会和表达自己意愿的途径。群众可以用手中的选票表达自己的意见，不仅保障了人民当家

---

① 牛铭实，米有录. 豆选［M］. 北京：人民大学出版社，2014：64.

做主的权利，更标示出了人民群众的主体地位。民主、平等等新的政治思想得以畅行，也给封建小农意识中留存的各种形式的宿命论、特权思想以毁灭性打击。若言民主自身是有优点的，那也与道义无关。因为数量上的多寡并不是区分善与恶的依据。而如果说民主好像存在某种道义上的优势的话，那么这也完全是与专制对比而被衬托出来的。

与之类似，造就共产党思想政治教育的成功的，不仅有党所领导的解放区的政治上清明的内部根源，还有一个不得不特别指出的"比较优势"的问题，那就是国统区的腐朽与堕落与解放区的清新与向上政治气候上的强烈对比。这样的比托，使得共产党被看作中国未来和希望之所在。"朱门酒肉臭，路有冻死骨"，剥削阶级的奢侈与普通民众的饥寒并存是一切剥削社会的常态。即便是在国难当头，即便是在战争频仍之时，苟且一时的达官显贵依然不改骄奢淫逸的腐朽生活方式。① 国统区与解放区的巨大反差，更加凸显出共产党所指引和代表的新社会、新时代的美好与生机。正如毛泽东在 1946 年所阐明的"我们是艰苦奋斗，军民兼顾，和蒋介石统治区上面贪污腐化，下面民不聊生，完全相反。在这种情况下，我们是一定要胜利的。"② 配合土地改革和根据地的民主建设，加强对农民的思想改造，加强农民主人翁意识的教育和培养。农民当家做主的主体精神得到了极大的激发，参与革命和解放战争保卫胜利果实的战斗积极性被充分调动起来。形成强大的改造旧社会的政治力量，向旧的封建的意识形态宣战的精神力量，充分说明了战争之

① 岳南．南渡被归［M］．（第二部北归）湖南文艺出版社，2015：153－156．据该书描述，"前方吃紧，后方紧吃"。1941 年 10 月 13 日，南迁的梅贻琦校长在日记中写道："晚曾养甫请客在其办公处"，"菜味有烤乳猪、海参、鱼翅；酒有 Brandy，Whisky；烟有 StateExpress；饮食之余，不禁内愧。"（曾养甫，时任交通部滇缅铁路督办公署督办。）
② 毛泽东选集：第 4 卷［M］．北京：人民出版社，1991：1188．

伟力蕴藏于民众之中。

最后，新式整军运动以自我教育为主，极大地提高了部队的政治觉悟、改进了工作作风、整合了新进力量，大大提升了部队的凝聚力和战斗力。为了加强人民军队本质的教育，提高部队的政治觉悟，形成团结友爱的内部关系，1947 年解放军开展了著名的"诉苦三查"活动。诉苦分三步——引苦、诉苦、挖苦根。"积极发动群众揭露国民党反动统治的罪恶、阶级压迫的残酷，引导群众对比解放区和国统区两个社会和两种军队的不同性质。"① 以亲身经历形成群众的诉苦运动，通过"挖苦根"的新旧对比，思考个人不幸的社会制度根源。以此为基础，激发其对旧的剥削制度愤恨之情、变革旧制度的热情和实际投身革命的激情。在感性意识被强化后，进而开展"三查运动"。"查阶级、查思想、查斗志"等"三查"的目的在于启发阶级觉悟、坚定斗志、提高战斗力。"诉苦运动"是情感的倾诉过程，个人的生活境遇和情感经历被集体所了解和接受，倾诉者获得了情感上的共鸣与同情，个人与集体建立起密切的情感关系。这也成为部队提高凝聚力和向心力的有效途径。"诉苦运动"同时也是个人的自我反思过程，通过个人历史的回顾，分析个体遭遇的社会根源，加深对阶级剥削和压迫的理解和认识，成为增强官兵政治理论水平和阶级觉悟的有效途径。再将"诉苦"和"三查"结合起来，实际地改正部队的不良作风，避免重蹈旧军队的军阀作风的覆辙，进而建立新式的民主的、团结的、协作的内部关系。始终保持真正的人民的军队、无产阶级的军队、革命的军队的性质。

"诉苦三查"活动，使军队内部切实贯彻了民主精神，形成了民主

---

① 岳云强，张运菊. 解放战争时期党的思想政治教育工作 [J]. 广西社会科学，2008 (12)：123.

作风。政治、军事、经济三大民主，1948年经毛泽东同志总结提升，正式成为我军的治军制度，为解放军思想政治教育提供了制度性保证。整军运动和土地改革，军事与政治相互配合相互促进，瓦解了国民党的统治的经济基础、政治制度、军事力量以及相应的封建主义的意识形态。可见，思想政治教育从来都不能孤军奋战而取得胜利，只能在执行党的任务的过程中，只能在经济、政治、军事等相应的实践的基础上，在处理人民思想问题中，形成思想政治教育与革命和建设实践之间相互促进的关系，从而发挥思想引导和理论说明以及情感培育等作用。

二、新中国成立和社会主义制度确立时期的思想政治教育

关于抗美援朝的思想政治教育是新中国成立后思想政治教育第一次执行大规模的战争动员任务，也是建国后一次成功的全国范围内的爱国主义、国际主义、革命英雄主义的宣传教育。

抗美援朝战争开始后，为了能够统一全国人民的思想支持党中央做出的派兵参战的决定，思想政治教育首先进行了思想动员，阐明美国侵略朝鲜与我国国家安全、主权和利益之间的关系，进而说明中国参战的必然性和必要性以及中国军队入朝作战的意义。1951年11月6日和16日，人民日报以社论的形式刊发了《为什么我们对美国侵略朝鲜不能置之不理》和《中国人民志愿部队抗美援朝保家卫国的伟大意义》的文章，说明援助朝鲜人民抗击美国的侵略就是保卫我们自己的国家。以此来赢得人民对待我国参战的积极态度。文章向广大人民群众，揭发帝国主义的本质，运用党和军队的光荣历史说明人民战争的力量以及正义战争必胜的规律，教育人民战略上藐视敌人，破除对以美国为代表的现代化帝国主义国家的恐惧，树立必胜的信念。最后揭发美帝国主义的对华侵略历史以及当时对台湾的侵占、战斗中的细菌战等反人道的卑劣行径，广泛制造对敌的仇视、蔑视、鄙视等愤慨情绪。战争开始后，及时用前线传来的捷报进一步鼓舞人们的信心和斗志。

对象性原则在战场上战俘营对"联合国军"俘虏的教育改造中得到了较为鲜明地体现。开战后双方互有战斗人员被俘的情况发生。志愿军中的思想政治教育，对象扩大至联合国军俘虏，此新情况对军队思想政治教育而言，尚属首次。抗战期间，我军拥有对日本俘虏的教育经验，但是，对以美军为主的"联合国军"俘虏的教育改造经验相对欠缺。面对全新的教育对象和教育目标要求，为了做好敌方被俘人员的教育管理工作，志愿军的战俘营除了坚持不虐待、不打骂、不搜身等优待俘虏的基本原则外，综合把握中美两国关系，根据美方的对战争的宣传教育，以及美军重法治、重人权等特点，有针对性地探索对美战俘教育管理的具体方法。治疗伤病，保障通讯自由等，把无法遣返的战俘送到大学接受教育，扭转战俘对战争性质、志愿军作风等诸多方面的错误认识，促使其转变立场。战俘营的管理人性而周到，更像是一所成人学校。① 志愿军的思想政治教育按照对象性的原则和方法化敌为友，以说服教育和亲身经验等方式感化了"联合国军"战俘，成功地改变了教育对象，有的俘虏甚至选择在中国长期驻留。

思想政治教育广泛动员全国人民以实际行动支援前线。抗美援朝的教育宣传，党充分利用自身在抗日战争、解放战争等基础上积累和铸就的政治号召力，在全社会范围内组织和动员民众支持党中央的参战决议。《人民日报》等中央权威媒体将爱国主义与国际主义相结合，激发全国人民尤其是志愿军同仇敌忾的战斗热情和积极投身社会主义生产支

---

① 杨凤安．我们见证真相——抗美援朝战争亲历者如是说［G］．北京：解放军出版社，2009：262-271.

持前线的生产热情。运用严密的思想组织教育组织系统的力量，号召广大青年应征入伍。1950 年 12 月 1 日发出《关于招收青年学生青年工人参加各种军事干部学校的决定》。半年后的 1951 年 6 月 24 日，中央人民政府政务院再一次发出《关于各种军事干部学校招收学生的决定》，号召广大爱国青年参军入伍成为军事后备干部。开展"增产节约""劳动竞赛"等活动，将群众的参与热情与每个人劳动生产、履职尽责相结合，化援战热情为生产行动。① 全国各界的社会团体组建起"医疗、运输"等战地支援队伍，全力保障前线战斗。

在前线树立和广泛宣传了黄继光、邱少云等战斗英雄的光辉形象和英雄事迹，重点刻画了他们所代表的爱国主义、国际主义和革命英雄主义等思想境界和高尚道德。他们的英雄事迹通过战地报道在国内引起强烈反响，赢得了全国人民对志愿军的拥戴和支持，人民亲切地称志愿军为"最可爱的人"。密集的战地报道和英雄事迹的广泛宣传，建立起了前线和后方的信息通道，建立起了后方民众与前线战士之间紧密的信息联系和情感互动。

抗美援朝运动中的思想政治教育，是新中国一场伟大的爱国主义、英雄主义、国际主义教育活动。作为一场全国范围内教育活动，社会主义性质的思想意识被强化，半封建、半殖民地社会遗留的思想观念被进一步瓦解，无产阶级的爱国主义、国际主义和革命人道主义等全新的文化价值逐步被确立。抗美援朝运动中的思想政治教育同时也表明，无产阶级政党领导和组织的思想政治教育是一种社会精神生产、再生产活动，是一个新思想不断战胜旧思想、新道德不断淘汰旧道德的过程。

---

① 褚凤英.抗美援朝运动中的思想政治工作初探 [J].中共济南市委党校学报，2001（3）：103–106.

同时，作为一场全民战争动员性质的教育活动，抗美援朝运动中的思想政治教育围绕着党和国家的政策方针成功塑造了有利的舆论环境，体现出了思想政治教育的政治性本质特征。这一时期全国范围内的宣传教育，实现了上下同欲的目标，使得党和全体人民在情感上、意志上和行动上达成了高度一致。战场上对敌方俘虏的教育转化，改变了受教育者的政治立场，实现了化敌为友，实现了思想和行为的双重转化，反映了思想政治教育是一种对象性存在。由此可以看出，实践原则不是人为设定的某些制度或政策，而是思想政治教育历史过程中自然而然表现出来的存在论法则。纵观党的思想政治教育产生、发展及演化进程，可以大致得出一个实践原则的轨迹——建党初期的曲折探索、土地革命战争和抗日战争时期的发展、解放战争及抗美援朝战争时期的成熟。然而，"抗美援朝战争的爆发加快了国内民主革命和社会改造进程，而新政权的巩固与国民经济的迅速恢复，也加快了新民主主义纲领的提早结束。从某种意义上讲，抗美援朝是新中国历史发展进程后来不断出现'快'的第一推动力。"①

抗美援朝成为思想政治教育实践原则发展轨迹的一个转折点。抗美援朝时期的思想政治教育是无产阶级新政权建立后第一次全国范围内的思想教育动员活动。新生的无产阶级政权，国家机器开足马力全力以赴地对抗美援朝进行了深刻而广泛地宣传教育，并且取得了席卷一切的良好效果。在外敌侵犯新中国的背景下，全党、全军、全国人民表现出强烈的爱国热情，呈现出全国范围内空前团结的政治和社会局面。战争的结果极大地增强了人民对党的信心，也激起了人们对更高社会目标、精神境界以及道德水平的追求。

---

① 靳道亮. 抗美援朝与新中国成立初期知识分子的教育改造［J］. 广西师范大学学报，2016（8）：159.

思想政治教育从根本上讲是一种以教育为实现方式的政治活动,其历史进程必然直接受到党自身的政治实践的影响和制约。具体而言,思想政治教育和党的路线方针政策之间呈现出高度的一致性。党在认识上出现的偏差和政策中的某些失误也必然会相应地表现到思想政治教育当中去。

三、改革开放和社会主义现代化建设新时期的思想政治教育

本书中作为历史考察部分,改革开放和社会主义现代化建设新时期,始于拨乱反正,止于党的十六大召开。"文化大革命"结束后,思想政治教育在恢复党实事求是的思想路线中扮演着先行者的角色。经过一段时期的拨乱反正和解放思想,改革开放开启了思想政治教育制度化、学科化、专业化的发展新阶段。

(一) 改革开放初期的思想政治教育

客观上,十年浩劫造成了党员群众严重的思想僵化行动滞后,达到了近乎集体无意识的状态。打破禁锢、冲出藩篱,首先在思想理论界展开。"实践是检验真理唯一的标准"的真理标准大讨论成为冲破严冬的一只报春花。此后经过几年的恢复和整顿,重新确立了党实事求是的思想路线。思想政治教育开始按照十一届三中全会的精神,"从以阶级斗争为纲的轨道上转移到服务于党在新时期的目标和总任务上来"。思想政治教育扬弃了之前十几年的异化现象,回归到实践原则上去,重新确立了自己在社会发展和国家政治中的角色定位。

首先,思想认识领域展开关于真理标准的大讨论,得出"实践是检验真理的唯一标准"的结论,从而在理论上构成了对"两个凡是"的否定,成为具有重要意义的马克思主义教育运动和思想解放运动。马

克思主义实践第一的观点再次被肯定和发扬，从而为新时期的党的工作重心转移到经济建设上去提供必要的思想基础。

1978 年 5 月 10 日，《实践是检验真理的唯一标准》一文在内部发表，次日在《光明日报》发表。同年 6 月 24 日《解放军报》发表了《马克思主义的一个最基本的原则》一文，回应了一些针对"实践是检验真理的唯一标准"的责难。此后，解放军和地方也发表了相关文章，使得该主题的讨论更加深入。正如邓小平同志所评论的那样"目前进行的关于实践是检验真理的唯一标准问题的讨论，实际上也是要不要解放思想的争论。"经过讨论，马克思主义实事求是正确思想路线得以恢复，这为打破"文革"时期遗留下的教条主义和个人崇拜的精神枷锁，做好了理论准备。

其次，《关于建国以来党的若干历史问题的决议》确定了对"无产阶级专政下继续革命"等错误理论的科学态度和准确评价。巩固无产阶级政权，维护党的执政地位是新中国成立后党的基本任务和使命之一。但是，巩固无产阶级专政显然不能仅仅通过阶级斗争的方式。无产阶级政权的巩固需要经济、政治、文化等社会主义事业各个方面的建设和发展。少数敌对分子的破坏活动，自当由警察、法庭等无产阶级专政工具依法处理。党内出现的腐败堕落分子则由党纪、政纪、国法，合理合法地解决。

1981 年通过的《关于建国以来党的若干历史问题的决议》以党的决议的形式，公开地承认、剖析了党过去犯下的错误，并分析了成因，总结了教训也展示了党纠正错误的信心和勇气。

再次，积极宣传党在新时期的总任务和改革开放的总方针，结束社会思想认识上的混乱状态，清理"极左"思潮的影响，逐步恢复实事求是的思想路线。为了拨乱反正，开创新的局面，思想政治教育工作加紧对改革开放建设社会主义现代以及坚持四项基本原则的宣传教育。重点加强了广大青年和大专院校学生的理想信念、人生观等教育，以抚慰和滋养广大年轻人在十年动乱中被摧残和荒废的鲜活的灵魂和美好的青春。

同时，思想政治教育对自身曾经犯下的错误和存在的问题进行了深刻的反省批判和自我纠正。准确定位思想政治教育第二性的地位，及其对中心工作的服务保证作用。恢复工作中的民主原则和疏导方针，避免暴力和强制。真正本着团结的目的解决或降低分歧，而不是以整人为目的伤害团结。摒弃寻章摘句、断章取义、捕风捉影的教条化、庸俗化的理论学习风气，恢复求真务实的优良传统。摒弃教育宣传话语一度司空见惯的"顶峰论""一句顶一万句"等"假、大、空"的浮躁气象，恢复教育中生动活泼、亲切朴实的语言风格。

（二）改革开放深入发展时期的思想政治教育

改革开放深入发展时期的思想政治教育，面对东欧剧变苏联解体等意识形态领域复杂而严峻的形势，及时开展自我反思，总结经验吸取教训，坚守社会主义阵地，同时开始了制度化、学科化、专业化的新发展。"政治运动"型的思想政治教育慢慢退出历史舞台，思想政治教育逐步发展出了"学校教学"模式，并延续至今。

和平建设年代，西方资本主义国家始终在对我们进行着"和平演变"的大战略。思想政治教育必须"知彼知己"敏锐地辨别各种资产阶级意识形态，并相应地做好理论和宣传教育上的反制。思想政治教育必须持续开展与自由主义等资产阶级意识形态的斗争，体现出和平时期严肃的斗争性的一面。那就是无产阶级的思想政治教育必须非常鲜明地支持什么反对什么。并且是用所支持的思想意识去驳斥和批评所反对的。

改革开放进入到20世纪90年代以后，思想政治教育时刻面临着来自时代发展和社会主义市场经济发展带来的思想意识领域的新形势新任务。党员干部的思想政治教育制度化得到加强。尤其是对县处级以上干部的理论教育形成了新的规范化要求。中央提出，"凡进入领导班子的成员，都要经过相应的党校学习，其他领导成员也要定期到党校接受轮训。"① 大学生思想政治教育得到了加强和改进。普通高校在开设马克思主义基本原理、中国共产党党史等政治理论课程的基础上，建立思想政治教育学二级学科，并且从 1984 年起开始招收思想政治教育学专业本科学生，培养思想政治教育工作专业人才。2005 年正式批准成立了马克思主义理论一级学科，思想政治教育学科获得了更为宽广和坚实的学科发展平台，学科化发展不断深入。高校辅导员制度得到改进和加强。第二课堂广泛开展，为大学生思想发展和身心健康提供了有利条件。这一时期的思想政治教育主要不再采用大规模群众性的思想教育运动开展，而是逐步依托各种类型的学校教育实现。逐渐形成了思想政治教育的学校教学模式。也可以说，思想政治教育的知识化倾向不断被强化。如，党内思想政治教育主要依托党校完成，大学生思想政治教育主要依托高校完成，而普遍性的群众思想政治教育则被大众传媒等所承担。思想政治教育分工不断细化，不同职能部门和人员承担相对固定而明确的教育使命。一般而言，分工细化带来效率的提升，同时增加协作配合的难度。分工越细致越会使得教育活动与教育主体及对象的生产生活产生距离。

　　事实证明，思想政治教育必须坚持实践原则，准确理解时代精神变化的趋势，并能准确辨析出其中存在的消极成分，防止其偏离社会主义意识形态的轨道。同时，及时完成中国特色社会主义理论的建构，为社会主义现代化建设提供科学的理论说明——为反对形形色色的非马克思主义的意识形态提供思想武器。改革开放以后，党的工作重心发生了调

---

　　① 中共中央党史研究室. 中国共产党的九十年［M］. 社会主义革命和建设时期. 北京：中共党史出版社 党建读物出版社，2016：774.

整，由"文革"时期的阶级斗争为纲调整转变为了"以经济建设"为中心的社会主义现代化建设。社会经济生活的样式发生了深刻的变化。农村普遍实行了家庭联产承包制，农业生产恢复到了以家庭为基本单位的状态。城市中开始逐步实行由计划经济模式向市场经济模式的转变，过渡期间计划和市场并存。经济领域的改革在对全部社会生活塑造过程中发挥着基础性作用。人们的思想观念随着经济生活方式的改变而不断变化。比如个体和私营经济的重新出现，追逐个人正当利益合法化、合理化，不仅有政策制度的支持，也有法律保障。追逐个人正当利益行为本身合理合法，反映在思想观念上，资产阶级的"自由"观念契合了一部分人的想法。自私自利的价值观念也有了一定的存在依据，"大公无私""毫不利己专门利人"等道德境界受到挑战。由于改革开放前的上一个十年并没有留下太多科学的社会主义建设理论，明显的反智倾向和陷入停顿的教育和文化事业客观上造成人们了精神世界的荒漠化。当西方资产阶级的哲学、经济学、社会学、文学等传入我国以后，对以大学生为主体的年轻人构成了巨大的精神冲击和影响。东欧剧变使得国际共产主义运动出现某种衰败迹象，成为国内共产主义理想信念教育的内外两方面不利的现实因素。面对新形势、新问题，"许多高等学校程度不同地削弱了党的思想政治工作，思想政治教育的内容、形式和方法也不适应新形势的要求。"① 由于党的理论发展和教育滞后于社会实践的发展，给了剥削阶级的意识形态以可乘之机。思想政治教育实践原则再次显示出规律性的一面，党的思想政治教育事业遭受了改革开放后的一次严重考验。

---

① 何一成，杨湘川. 中国共产党思想政治教育史［M］. 长沙：湖南大学出版社，2011：335.

第四章

基于实践原则的思想政治教育现实审视

党的十六大以来，中国特色社会主义建设取得了巨大成就。思想政治教育工作在巩固马克思主义指导地位、巩固党和人民共同团结奋斗的思想基础、推进社会文明进程和促进人的自由全面发展等方面发挥了重要作用，产生了积极意义。随着中国改革开放的不断深入、现代化程度的不断提高，思想政治教育本身也演变出一些时代特点，同时也累积了不少矛盾和问题。这一章将从实践原则的角度，分析一些现实问题，发现一些积极因素，以期探索实践原则对促进思想政治教育发展的现实意义。

一、思想政治教育存在的主要问题

如果从意识形态建设的角度审视 21 世纪以来思想政治教育发展历程，社会主义意识形态是不断巩固的。但是，我国社会发展日新月异，社会结构调整中伴随固化，利益诉求强烈而多元，新旧中西不同思潮相互激荡，信息技术全面渗入生活。人们精神生活需要一个主心骨，内心世界需要一个安放之处。复杂条件下，思想政治教育本身也暴露出了一些问题，产生了一些与实践原则不完全一致的倾向，应引起足够重视。

（一）思想政治教育的庸俗化倾向

党的思想政治教育工作在深刻的社会变化以及自身的发展过程中，积累了一些矛盾，产生了新的问题，出现某种偏离实践原则的倾向。比较常见的如"内容泛化""流于形式""模式固化"等。上述种种"庸俗化"的现象，表明思想政治教育存在着一定的与其本质属性相偏离的问题。"思想政治教育是统治阶级发挥意识形态作用的必要途径与重要载体，承担着为统治阶级意识形态服务的职责。"① 思想政治教育当中的庸俗化倾向及其社会根源既受到党的领导人的重视，也被广大思想政治教育工作者和学者所思考。

党和国家领导人从国家治理、社会文明进步的角度，对社会意识形态有着整体形势上的判断。《十八大报告》认为"一些领域存在道德失范、诚信缺失现象""少数党员干部理想信念动摇、宗旨意识淡薄，形式主义、官僚主义问题突出""一些领域消极腐败现象易发多发。"此类消极现象从思想意识的根源上看，基本属于旧的剥削阶级意识形态在当代社会及党内的现实反映。这些消极现象的存在，说明马克思主义的思想意识要取代和战胜各种旧的剥削阶级的思想意识还有漫长的路要走，思想政治教育的使命任务仍然十分繁重。在我国的意识形态体系中处于指导地位的是马克思主义。马克思主义是党的指导思想，是全党全国人民团结奋斗的共同思想基础。思想政治教育的重要使命就是坚定不移地传播马克思主义、运用马克思主义、发展马克思主义。"马克思主义的思想教育、政治教育、道德教育、心理健康教育是思想政治教育的

---

① 王秀阁. 论思想政治教育研究取向的问题：马克思主义实践观视角 [J]. 马克思主义研究，2015（5）：130.

主体内容"。^① 而具体的教育过程中，思想政治教育存在着内容被泛化被置换的不良现象，其实质是对党的思想政治教育工作"去政治化"。2013 年 8 月全国宣传思想工作会议上，习近平总书记指出："经济建设是党的中心工作，意识形态工作是党的一项极其重要的工作。"这一新的论断说明党中央对意识形态工作重要性的认识得到了新的提升。同时也反映出中国特色社会主义建设中，意识形态斗争的严峻与复杂。"意识形态斗争的实质就是互相渗透、扩大影响、争取人心。"^② 并且每一种社会思潮背后都有一定的社会群体及其利益做基础。意识形态的斗争同时意味着主义之争、道路之争、政权之争。因为任何一种成熟的社会理论必然包含着自己的政治主张。思想政治教育的本质属性是政治性和党性，如果出现了政治性弱化，则意味着思想政治教育可能会偏离其本质属性。偏离了党的路线方针政策的思想政治教育不仅不能发挥其"两个巩固"的作用，而且可能损害马克思主义的光辉形象，威胁其指导地位。尤其是在广大青年学生的精神成长过程中，如果马克思主义不能被真正接受，那么必然有非马克思主义的思想理论在那里兴风作浪、蛊惑人心。因此，"要深入开展中国特色社会主义宣传教育，要加强社会主义核心价值体系建设，积极培育好践行社会主义核心价值观。"塑造健康向上，积极有为的社会主义新的社会风尚。思想政治教育必须且只能是社会主义思想理论的宣教平台，而不能沦为自由主义等资产阶级思潮的跑马场。

---

① 代玉启. 新时期思想政治教育内容与方法面临的挑战与发展要求 [J]. 思想教育研究，2015（12）：8.

② 金海斌. 新形势下社会主义意识形态工作原则思考 [J]. 人民论坛，2014（12）中：46.

（二）思想政治教育的抽象化倾向

20 世纪 80 年代至今的 30 多年间，思想政治教育的内容——马克思主义理论知识化的倾向被不断加强，抽象化程度也因此不断升高，与社会政治生活、经济生活、文化生活之间距离存在着拉大的趋势。思想政治教育存在着一种向大学政治理论课萎缩性演变的趋势。社会层面的思想政治教育知识化的代表是依托高校等国民教育进行党的思想政治教育。党在思想建设层面的思想政治教育尤其理论教育同样是主要依托党校等专职教育机构完成。知识化的教学一方面使得马克思主义理论的内容被广泛知晓，另一方面也使得马克思主义与教育对象的个体生命历程产生了一定的距离。一直以来党的思想政治教育都以马克思主义为基本内容。新中国成立后增加了中国的马克思主义——毛泽东思想；改革开放后增加了邓小平理论，此后发展为中国特色社会主义理论。高校思想政治教育，在各种层次和类型的学校中开展马克思主义基本原理、中国特色社会主义理论、中国近现代史等，这对于广大青年学生系统地、学科化地学习马克思主义理论知识即做出了制度性规定，又提供了机会和渠道。1985 年按照党中央有关通知精神，各高校普遍开设了马克思主义基本原理、中国革命史、中国社会主义建设等本科学生的公共必修课程。1987 年，形势与政策、法律基础被列为必修课。① 思想政治课成为针对广大青年学生进行马克思主义教育的主阵地，课堂成为主渠道。然而知识化的马克思主义（毛泽东思想、邓小平理论）并没有完全如预期的那样顺利转变为大学生的政治理想和价值追求，而是让资产阶级自由化思想一度占据了上风。

---

① 何一成，杨湘川．中国共产党思想政治教育史［M］．长沙：湖南大学出版社，2011：328.

　　由此可见，对于一直在学校学习科学文化知识的青年人尤其是大学生，知识化的政治理论教学，对他们形成社会主义的理想信念和价值观塑造的意义是有限的。即便同样是马克思主义理论的知识教学，不同的历史条件下也可能产生不相同的效果。和平环境里成长起来的青年学生，普遍缺乏社会经验，更没有经历过革命战争的生死考验。由于缺少必要的人生阅历和实践锻炼，书本上灌输的马克思主义理论对他们而言，很大程度上和物理化学等课程内容一样，只是他们所要了解和记忆的海量信息当中的极其微小的一部分。他们对中国社会主义建设道路艰辛地探索历程缺乏直接的生命体验，对诸如社会主义市场经济理论等党的创新理论对于中国社会主义建设的现实意义很难做出全面理解和分析。所以，政治理论的课程教学对于大学生的思想政治教育而言，最直接的意义是必要政治常识的普及。而对于年轻人的政治和道德判断力的形成和培养，仅凭知识性的马克思主义理论教学显然是不够的。

　　思想政治教育的目标要求与能够实现目标的基础和条件之间有一定距离。"文革"结束后，短期内全民达到共产主义道德水平等"极左"的教育目标已经被纠正。新的合理的教育目标也在不断地探索当中。党的思想政治教育的目标设定，根据不同的教育对象设定具体的教育目标，体现出必要的层次性和差异性。总体而言，对领导干部的目标要求应高于对党员和普通群众的目标要求。20 世纪 80 年代，邓小平同志提出培育"有理想、有道德、有纪律、有文化"的社会主义四有新人的目标。2015 年，新时期好干部的"新四有"标准被明确提出"心中有党、心中有民、心中有责、心中有戒"。十八届六中全会提出"全党同志必须把对马克思主义的信仰、对社会主义和共产主义的信念作为毕生追求。"全国党员人数达到了 8800 多万，千人千面每个党员先天禀赋和后天成长环境之间的差异不容忽视。要实现 8800 多万个人的人生追求、情感意志的统一，绝非一朝一夕之功。"精神懈怠的危险，能力不足的危险，脱离群众的危险，消极腐败的危险"① 非常尖锐的摆在全党面前。党员干部不可能是超凡脱俗的圣人或者完人，一枝独秀的达到共产主义思想境界和道德水平。组织上，基层党组织的教育功能发挥与其使命要求之间存在差距。实际工作中党的基层组织的组织力往往不足以担当其教育使命。现代社会人口的大规模快速流动，增加了党员教育和管理的难度。比如在广大农村，党员相对分散，且不定期往返于城市和乡村。党支部成员集中学习等制度，执行起来客观上有难度，基本的教育时间无法保证，教育质量自然难有保证。基层党组织的负责同志自身思想理论水平由于岗位平台和个人能力等原因还存在着不适应新形势、新要求的现象。基层党组织理论学习所采用的人际传播的影响力，远远不及电视、网络等大众媒体的影响力。

（三）思想政治教育的外在化倾向

现代社会，人们的精神需求类型多种多样，而且对精神产品质量的追求越来越高，这是社会发展和人们精神世界不断丰富发展的必然产物。广大党员群众的精神需求是思想政治教育得以展开的重要前提之一，也是生发出社会主义国家精神力量的土壤。这些需求当中与思想政治教育直接相关的部分可以归纳为：理想信念、核心价值观、基本的世界观以及这些理论背后的历史基础。也就是说关于人类发展规律的认识、执政党的政治理想、执政实践所秉持的价值观念需要通过宣传、教育、渗透等方式向全体党员和社会民众实事求是地做出说明，以期得到组织内部成员与社会各界群众的赞成和支持。社会主义政治文明、精神

① 胡锦涛. 在庆祝中国共产党建党 90 周年庆祝大会上的讲话［N］. 人民日报，2011 - 07 - 02：（1）.

文明建设的成果需要被及时地合理地表达出来，形成中国特色社会主义政治思想和价值理论，并为本国人民和世界人民所了解和接受，这是思想政治教育在增强国家精神力量中应尽的职责之一。但是，在讲好中国故事的过程中，想讲与想听的有时候不尽一致，讲的和做的有时候也不尽一致。

也就是说思想政治教育活动作为一种精神性的生产实践活动与社会精神需求之间还存在一些不相匹配的情况，从而导致思想政治教育一定程度的外在化。一是多样性需求与思想政治教育单一性供给之间的错位。多样性的需求可以表现为城乡、收入、职业、年龄、性别等差异性基础上，不同关注重点所产生出的多样性。二是个性化需求与标准化供给之间的错位；现代社会为人的个性张扬提供了物质条件和价值空间，社会的包容性不断增强，追求个性化的认识和享受成为可能。作为意识形态工作的思想政治教育所能提供政治理论和价值观念的个性化程度必然是低于社会需求的个性程度的。三是高品质的理论需求与低水平供给之间产生的错位。信息时代，精神领域的封闭和垄断变得几乎不可能。人们可以自由地接触到人类文明史流传下来的各种主义。从这个意义上说，马克思主义是"诸多主义"当中的一种。当代的思想政治教育工作很大程度上难以呈现出马克思主义应有的理论深度和精神高度，马克思主义理论被教条化、机械化、庸俗化的情况时有发生。而各种资产阶级的经济学、政治学等则借着扩大开放的机会传入国内，并被各种商品化运作所发扬光大。四是社会心态的功利化倾向与思想政治教育"务虚"性之间产生的错位。快速的经济发展社会变革既给人们带来更多的机遇，也给人们带来了同样多的压力。剧烈变化之下，似乎只有看得见的利益尤其是经济利益、摸得着的实惠最能让人踏实。于是，诸如思想政治教育等"务虚"的工作与人们功利化的"务实"心态之间，也存在着错位。

概言之，教育对象的感性需求是具体的而且是真实地存在，从而构成思想政治教育工作必须面对的现实。如果思想政治教育活动所提供的精神产品无法与人们的精神需求相一致，那么思想政治教育将由于不能很好地走入人们的内心世界，而难以完全实现目标。因为，思想政治教育如果无法有效满足教育对象的精神需求，那么教育活动和教育对象之间的客观联系将无法实际地建立起来，只能是一种外在于教育对象的活动。外在化的思想政治教育是无法与教育活动的主体产生真正关联的，因此表现出来的会是对思想政治教育相关性原则之间存在一定距离。

（四）思想政治教育的形式化倾向

此处所言"形式化"并不等同于思想政治教育的形式主义。形式化是指思想政治教育不再与中心工作完全融为一体，而是获得了自身独立的形式，并且随着分工的精细化、工作人员的专职化，而产生了某种"为了教育而教育"的外在形式化的趋势。过于"刻意为之"的思想政治教育，一些时候并不是基于疏通思想困惑、化解情感淤积的实际需要，而是出于教育自身的"需要"，因此可能导致教育活动与教育组织者和参与者的亲身经历、所见所闻的感性意识产生距离。如果形式化继续向着外在于教育主体感性需要和感性意识的方向前进，则存在着发展为形式主义的危险。当然，中国共产党在革命和建设过程中非常注重发挥思想政治教育的宣传、鼓动、教育等作用，并在诸多成功的经验基础上形成了一些思想政治教育规定性的制度措施和习惯做法，长期的工作经验塑造出了常规做法。比如，政策制度调整落实前的教育动员、先进典型的树立和宣传等。经过几十年的沉淀，这些做法已经不是什么新鲜事物，本身也不存在太大问题。只是当此类教育不完全是基于每个具体单位实际需要，而是出于制度安排时，此时的教育已经和教育主体的感性意识产生了不一致的现象，并因此呈现出形式化的特征。

以"政策教育"为例。"上下同欲者胜"，政策制度调整势必涉及方方面面的利益关系的调整，为尽可能地获得支持和认可，及时的思想政治教育是必要的。如抗战时期，为建立抗日民族统一战线，红军改编为国民革命军。红军战士"有的不理解，有的怀疑，有的乐观。"为此，红军广泛开展以统一战线为中心的思想政治教育，使红军战士和干部忠实于民族解放的利益，忠实于共产党的路线与方针。与形势瞬息万变、战争策略机动灵活的战争年代不同，和平建设时期党的政策短时间内发生巨大变化的情况并不常见。如今，诸如改革方案等重大政策的出台前，有充足的时间发扬民主。酝酿成熟的政策调整基本能够反映民意。充分的知情和参与、党员的纪律性，可以使党的新政得到很好贯彻。反复的出于教育自身需要的教育动员，有时并没有准确反映群众的内心呼声，更像是生产流水上的一个工艺环节，形式的意义大于实质的意义。另一类形式化的教育是教育内容偏离人民群众的所见所感。比如，先进人物典型的宣传和塑造——"典型教育"一直以来都是思想政治教育的重要内容。尤其是一个大单位的宣传部门如果一年两年树不出一个先进典型，难免有失职之嫌。然而，典型的树立正常路径是先进事迹和先进人物很强的代表性和社会影响力已经事实形成，然后，教育宣传部门进行传播，以扩大其积极影响。然而，当教育出于自身需要而不是根据实际情况去人为地包装、塑造典型人物（典型事迹）时，典型人物的先进性、客观性都会在包装过程中打折扣。再加上一段时期里的"高、大、全"的叙事模式，先进典型被包装成"不食人间烟火"的完人、圣人。神圣化的人物形象与普通群众的生产生活和感性经验相去较远，不能够很好地"接地气"，损伤了真实性和亲切感。而转型期的社会成员"往往会忽视或者排斥看似虚幻的社会整体和长远目标"①，那些远远高于一般民众生活工作环境所能孕育出来的政治理想、道德水准、思想境界，对受众的现实意义可能仅仅只是一种形式化的宣教而已。

二、思想政治教育发展的新动向

思想政治教育学自建立以来一般被定位为"应用学科"。由于学科诞生的历史局限性等原因，思想政治教育学一度被作为普通教育学的分支来进行分析和研究。"就其理论的基本视野、主要取向而言，则更多的是聚焦于作为具体教育活动的思想政治教育"②，形成了某种程度上的近似于经验总结和工作指导型的理论风格和话语体系，概念范畴体系严谨性、规范型、学理性等有待进一步加强。在思想政治教育学被划归为马克思主义理论一级学科，对整个学科的发展起到了巨大的推动作用。

（一）完成学科分类调整，对接马克思主义理论

仅就作者个人所接触到的某些思想政治教育学的专著或论文，有些学术研究缺乏知性科学对经验事实精确细致的陈述，有些研究缺乏整体上对思想政治教育规律和趋势的把握，有些思想政治理论文章以宣传的方式呈现出来，概念不明、逻辑不清。不少论文依然是以教育学为基础理论平台，沿袭了对国民教育——以学校教育为主的理论思考模式。此种微观的思想政治教育学以探讨具体教育活动，包括德育在内，为着眼点，围绕着"教与学"的矛盾展开，对教育学意义之外的政治、文化、经济、社会等综合系统考察相对不足，因此，无法有效涵盖思想政治教育实践及历史内容。

---

① 盛跃明. 思想政治教育转型论：现代性的观点［M］. 北京：人民出版社，2015：190.

② 沈壮海. 思想政治教育有效性研究［M］. 武汉：武汉大学出版社，2016：203.

2006 年，思想政治教育学被划定为马克思主义理论一级学科的下属二级学科后，学者们努力将思想政治教育理论依据和马克思主义理论实现对接。2009 年，学者陈万柏和张耀灿主编的思想政治教育学专业教材《思想政治教育学原理》将思想政治教育学的理论基础设定为马克思主义基本理论，并列举出"社会存在决定意识""政治与经济辩证关系""马克思主义人学""执政党建设理论"等八个方面的内容。① 这八个方面的内容尚有可讨论的空间，而且，思想政治教育学原理对其所列举的八个方面的内容的融通力度有待加强。论著在讨论思想政治教育过程的规律时已经开始突破教育学的视野，认为"思想政治教育不仅表现出对社会主义生产方式的依赖性，而且也同时表现出对政治制度、意识形态和社会结构的依赖性"②，下一步的研究需要阐释清楚思想政治教育和社会主义的生产方式之间实质上是"被决定"的关系，以及这种决定是如何展开的。思想政治教育对接马克思主义理论的意识和尝试，对于学科发展和更好的指导具体的教育工作意义重大。因为，马克思主义理论平台上的思想政治教育学，将不再拘泥于一般教育学的研究范式，努力将思想政治教育本质和性质的学理分析回归到历史唯物主义的层次和高度，试图传承起马克思主义社会批判的研究方式，梳理研究当代中国的社会现实和当代中国人的生产生活方式，谋求思想政治教育的时代发展。

用完整准确的马克思主义指导学科建设，关系到思想政治教育的自我认识和社会主义意识形态建设的性质和方向。这一点也几乎成为学科内的共识。对思想政治教育学的学理认识和定位，同时意味着对以往工作经验的升华总结以及对未来工作的筹划和标示。不同的理论分析模式背后暗示着不同的工作开展思路和方法。实际工作中，思想政治教育也

---

① 陈万柏，张耀灿. 思想政治教育学原理 [M]. 武汉：华中师范大学出版社，2009：21.
② 邱柏生，董雅华. 思想政治教育学新论 [M]. 上海：复旦大学出版社，2012：163.

是以中国特色社会主义理论体系即中国化的马克思主义为直接的指导思想和教育内容。如党的理论、路线、纲领、经验，不同时期的重点工作部署等。这样，在理论思考和实际工作两个层面实现了思想政治教育自身内部的统一。毕竟，思想政治教育与广大在校学生的国民教育之间存在着交集，且思想政治教育学的理论工作者集中在高校，所以"教育学"模式的思想政治教育理论分析框架依旧存在，也有存在的必要。

（二）探索科学理念方法，把握对象现实存在

为了解决针对性不强、实效性不足、形式化严重等问题，思想政治教育从理念到方法进行了一些新的尝试，如加强党员干部理想信念教育落实全面从严治党、加强网络思想政治教育的研究等，努力切中当代中国人民、中国共产党的生存境遇，展现时代精神。

"以人为本，加强人文关怀"的倡导和践行，集中代表着上个十年里思想政治教育观念上的改变。因其在对以大学生为代表的年轻人存在的把握上，在"可教人"前提假设不变的情况下，更加注重个体内心价值秩序的自我建构。新的实践探索，蕴含实践原则的思路和方法，一定程度上体现着思想政治教育实践原则的方法论意义。如前文所述，实践原则是马克思主义的本体论原则，同时也是方法论原则，两者是一致的，且本体论原则逻辑在先。已有的关于思想政治教育原则的理论研究多从工作方法原则的角度进行阐述。而思想政治教育的原则是要从实践中来。从当前的具体工作及方法中可以总结提炼出以之作为前提的思想政治教育方法论原则相关内容，并以此为基础对发展趋势加以预见。大约十年前思想政治教育工作和研究，兴起了一场"以人为本，增强人文关怀"的热潮。该热潮的兴起直接的原因是党的十七大报告中指出："加强和改进思想政治工作，注重人文关怀和心理疏导，用正确方式处

理人际关系。"有学者甚至将人文关怀定位为思想政治教育之魂的高度。① 思想政治教育工作的"可教人"前提假设,是思想政治教育得以存在的逻辑前提。而对社会精神状况和人的内心世界的把握和领会是其发挥自身功能和价值的基础。有学者指出,"思想政治教育的目的并不是解决一个人要'做什么'的'行'的问题,而是解决人的一生如何度过的本体论问题。"② 思想政治教育中的"以人为本",可以说是对"抽象的""外在的""知识性的"思想政治教育工作的一次反思和纠正。尤其是心理服务的引入,将思想政治教育工作由一般化发展到精准化、由群体化发展到个体化、由单一化发展到复合化。大学生的思想政治教育工作较之前单纯地政治理论课教学,显得更加亲近、温暖和充满人情味,一定程度上预示着新时代思想政治教育工作向实践原则回归的趋势。

党内的思想政治教育对党员生存境遇的把握,在"政治人"假设不变的情况下,更加注重对政治生活的规范和引导。政治人的前提性假设也逐渐地被修正和补充。政治是经济的集中表现,在阶级利益对立和阶级矛盾没有消失之前,以各种形式参与政治活动以维护自身利益依然是人们社会生活的主要内容,政治生活是当代中国人(尤其是党员)社会生活的重要方面。且"政治是一个内涵不断丰富的概念,它包括阶级之间的斗争,也包括处理与调谐阶级、阶层间的关系。"③ 中国共产党正在积极调整执政党与社会之间的关系,建立服务型政府,以完善中国特色社会主义政治制度。相应的管理型思想政治教育工作需要向服务型的思想政治教育工作的转变,以更好的保障公民政治权益的实现。同时积极进行党员与党组织之间关系模式的调整,落实民主集中原则,

---

① 黄正泉,王建. 人文关怀:思想政治教育之魂 [J]. 现代大学教育,2007 (3):57-60.
② 冯凡彦. 人心价值秩序:思想政治教育的本体之维 [J]. 思想教育研究,2008 (9):77-79.
③ 邱柏生,董雅华. 思想政治教育学新论 [M]. 上海:复旦大学出版社,2012:92.

努力构建党组织内部健康的同志关系。严格入党、管理、教育、选拔、任用等各环节的纪律，加强基层党的组织力度，将党的思想建设和组织建设紧密结合起来，通过积极的教育引导，促进党内的有效参与，降低或减少无效参与。思想政治教育的政治意义既体现为培养合格党员又体现为培养社会主义新型公民。党的十八大之后，在推进国家治理体系和治理能力现代化的背景下，思想政治教育被认为"在推动国民素养现代化、政治文化现代化方面扮演着重要角色，为国家治理体系现代化提供着公民品格的保障和文化心理的支撑。"①

（三）抵制腐朽思想侵蚀，坚定捍卫理想信念

目前，为了解决党员干部"不信马列信鬼神""政治立场不坚定""道德水平滑坡"等问题，思想政治教育着力加强党员干部理想信念教育，以补足共产党人精神之钙，抵制腐朽思想的腐蚀。理想信念是共产党人精神上的"钙"。对马克思主义的信仰，对社会主义和共产主义的信念是共产党人的政治灵魂。总书记习近平同志强调"理想信念坚定，骨头就硬，没有理想信念，或者理想信念不坚定，精神上就会'缺钙'"，"就可能导致政治上变质、经济上贪婪、道德上堕落、生活上腐化。"② 从党内的思想建设而言，坚定理想信念，坚守共产党人精神追求，始终是共产党人的安身立命之本。"体现为无产阶级阶级意识的支柱和无产阶级历史使命的良知的党被社会视作革命群众特有但尚未完全清楚的意志的客体化。党的关键任务是把无产阶级的阶级意识从自发的水平提升到自觉的高度。"③ 刘少奇曾经

① 杨威. 思想政治教育：提升国家治理能力和国民素养的重要途径 [J]. 思想教育研究，2015（12）：3－5.
② 中共中央宣传部. 习近平总书记系列重要讲话读本 [G]. 北京：学习出版社 人民出版社，2016：106－107.
③ 盛跃明. 思想政治教育转型论：现代性的观点 [M]. 北京：人民出版社，2015：50.

指出"在我们党内，最本质的矛盾，就是无产阶级思想与非无产阶级思想的矛盾，其中最主要的是无产阶级思想与农民、小资产阶级思想的矛盾"。① 思想意识领域内无产阶级的意识形态与落后的封建主义、资产阶级思想之间的矛盾始终不曾消失，在某种情况下还有可能呈现出复杂化、激烈化的状态。在新的历史条件下，中国共产党作为执政党面临着"四大考验"和"四大危险"，"理想信念问题成为解决党员干部诸多矛盾中的主要矛盾。"② 思想政治教育的核心内容和主要任务就是要帮助人们树立坚定的社会主义信念和崇高的共产主义理想。

当前思想政治教育工作的重点是在经济发展程度、民族复兴程度大幅提升的基础上，以实现中国梦为牵引，重振党和人民对中国特色社会主义建设事业的自信。一方面正确看待党出现的消极腐败现象，一方面加强科学理论武装头脑和心灵，加强修养，改进情趣，通过持续加强和改进党的作风建设，以党员干部具体的服务人民的态度、经受诱惑的程度来体现党的思想建设的成果。与非无产阶级的意识形态的斗争也是党领导中国革命以及进行社会主义制度建设的重要方面。党内出现的理想信念不坚定的现象是社会中非无产阶级意识形态恣意妄为的集中表现。因为，党员干部是国家公权的实际掌握者，是私利与共权争夺的焦点。可见，意识形态的斗争性，反映在思想政治教育当中意味着不同的主义之争、道路之争、价值观之争。

在加强党员干部理想信念教育的同时，还在全社会层面上广泛开展社会主义核心价值观的教育，帮助人们树立起"道路自信、理论自信、制度自信、文化自信"。社会主义核心价值观建构和培育，是党着眼于有效应对资产阶级价值观念的渗透，确保党对社会主义文化领导权的掌握，维护意

---

① 刘少奇文集：上卷［M］．北京：人民出版社，1981：337．
② 黄明理．论习近平关于理想信念思想的创新［J］．江海学刊，2015（2）：6．

识形态安全的又一重要举措。思想政治教育工作"在原则问题上，只有进行旗帜鲜明的思想斗争，才能扫清错误思想和敌对势力散布的阴霾，明辨意识形态的主流导向。""批判错误思潮，引领社会思想，侧重于理论联系实际的运用，是思想政治教育的功能和作用的展现。"①

　　思想政治教育工作，在近一段时间内的舆论斗争中，逐步看清楚了自己的斗争对手及其常用伎俩。包括恶意攻击党的领导、攻击社会主义制度、歪曲党史、国史、军史，造谣生事，明显违反四项基本原则。②这些言论政治意图明显，对社会主义意识形态往往采取"釜底抽薪"式地彻底否定现存政权和制度的合理性合法性，已经超出了人民内部思想认识差异性的范围。手法上往往打着"还原真相""重新评价"等幌子，以不为人所熟知的甚至是捏造的某些细节以偏概全，目的是颠覆人们的既有认识和理解，呈现出历史虚无主义的特征。③鼓吹历史虚无主义的人，往往以社会精英或精神贵族自居，所针对的受众群体，也多为涉世未深的青年学生、不明真相的网民。这些拙劣表演背后，所奉行的是资产阶级唯心主义的世界观和狭隘的"自私自利"价值观念，是私有制永恒有效私有观念亘古不变的现代版。以此为代表的错误思潮，既不具备正确看待和理解历史事实和规律的科学性，也不具扬善弃恶的价值真理性，属于典型的"功利主义"的小人做派。

　　历史虚无主义是对历史唯物主义的公开反对和实质背叛，其理论观点为真正的马克思主义者所不能接受，其不负责任的言论和行为也为正直严肃的君子所不齿。思想政治教育工作敢于直面社会中存在的不良社

---

① 曾令辉，朱燕．加强社会主义意识形态建设创新思想政治教育理论与实践［J］．马克思主义研究，2013（11）：151.

② 刘书林．以唯物辩证法统领思想政治教育研究的深化［J］．思想政治教育研究论丛：第三辑［C］．2013-10-26：4-8.

③ 刘书林．2013 历史虚无主义"装扮"特点［J］．人民论坛，2014（2）上：30-32.

会思潮，并与之进行坚持不懈地理论斗争和人心争夺战，是党的思想政治教育工作的传统，也是思想政治教育主动占领社会主义意识形态阵地，有针对性捍卫马克思主义的务实之举。

（四）继承道不离器传统，稳步推进视域融合

在古老的中国土地上促进马克思主义的思想意识的生发，新时期思想政治教育坚持文化自信，方法上继承了"道不离器"的传统，积极推进马克思主义与中国的革命建设实践相结合，与中国既有文化传统之间的视域融合，表现出了对思想政治教育实践原则体察与运用。

政治上层建筑和文化上层建筑共同构成了社会上层建筑的主体部分。国家政权是政治斗争的核心，政权是文化领导权的先决条件，文化领导权是政权的非核心构成部分和重要保障。社会主义国家政治权力和政权合法性的认可，相互配合相互促进，可更好地巩固政权，更好地发展社会主义意识形态。但是，非马克思主义的思想意识并不会自动退出历史舞台。因为意识具有相对独立性，非马克思主义的思想意识不会随着旧的政治上层建筑被消灭而自动消亡。因此，马克思主义取代包括资产阶级意识形态在内的旧的意识形态，确立起自身的主导地位是一个漫长的过程。这里的取代是指批判继承基础上的变革。思想政治教育工作恰好处在这两种社会上层建筑的结合部，既有政治性，又有精神性。思想政治教育活动是人实践活动的形式之一，具体而言属于精神生产活动，也就是说通过思想政治教育工作者的劳动过程，生产出马克思主义的信仰者，同时意味着对其他各种剥削阶级思想意识的积极扬弃。

就中国而言，马克思主义单从文化传统上讲是不折不扣的"舶来品"，与当年的佛教相似，但这并不妨碍它在东方土地上生根发芽。马克思主义作为人类精神文明的一座高峰，其真理之光一经照耀中国，中国

革命事业便以共产主义（社会主义）为目标，有了符合历史发展必然规律的光明前途。中国共产党在马克思主义的指导下，取得了民族民主革命的胜利和中国特色社会主义事业的蓬勃发展。相应地中国共产党始终将马克思主义作为党的指导思想，置于中国社会观念上层建筑的最顶端，并以之为圭臬构建起社会主义的意识形态，尽管出现过错误，但初心不改。如果将中国传统文化中"道、器"之说用以说明马克思主义的宣传、教育和普及的话，用"道不离器"的总体思路概括之，不会出现大的偏差。《易传·系辞上》有言"形而上者谓之道，形而下者谓之器"。有宋儒如叶适者将"形而上"与"形而下"相结合，形成了"道器合一"说，提出了理论和实践相结合的践行观。① 明末王夫之，则进一步提出"体用合一"论，此论与道器合一论相互表里，互相包涵，旨在建立起一个经世致用的理论体系。② 马克思主义感性活动本体论，所强调的正是世界向人类显现的方式，既不是主观的构造也不是客体的直观，而是人的感性活动。借用中国古典哲学"道不离器"的理论，正是想要表达马克思主义与中国具体实践以及中华传统文化之间的关系。2017 年 1 月 26 日，中办国办印发了相关意见，提出对中华优秀传统文化"坚持辩证唯物主义和历史唯物主义，秉持客观、科学、礼敬的态度，扬弃继承、转化创新，并且贯穿国民教育始终。"③ 在可以预见的未来，思想政治教育工作必然要在马克思主义中国化和中华优秀传统文化现代化的过程中，继续深入推进两者的深度视域融合，开辟新的领域，贡献应有的力量。

---

① 王长红. 叶适易学哲学体系管窥 [J]. 东岳论丛，2012 (6)：18.
② 周广友. 王夫之"道器合一论"中的形而上学 [J]. 云南大学学报，2016，15 (3)：45 – 52.
③ 中办、国办印发意见：实施中华优秀传统文化传承发展工程 [N]. 中国青年报，2017 – 1 – 26 (1) / (6).

第五章

基于实践原则的新思想政治教育观

    根据历史唯物主义的基本观点，方法论以相应的本体论为前提。关于思想政治教育工作方法原则的现有研究结论差异性较大，八原则说①、四原则说②、十原则说③等，尚未达成共识。本文所讨论的实践原则，就其实质而言，正是作为方法原则的依据或者说是在规律的层面来被考察的。实践的辩证法是开展思想政治教育，研究思想政治教育的科学方法。思想政治教育应以人的感性存在为基础开展活动，当赖以依存的社会存在向前发展、人的认识不断深化时，思想政治教育工作方法应做出相应的调整，以适应社会发展的要求，引导社会精神朝正确方向发展。

一、新理念：思想政治教育应紧紧围绕精神解放这个主题

    在《新民主主义论》中毛泽东同志这样描述共产党的鸿鹄之志："我们不但要把一个政治上受压迫、经济上受剥削的中国，变为一个政

---

① 陈万柏，张耀灿．思想政治教育学原理 [M]．武汉：华中师范大学出版社，2009：168 – 178.
② 骆郁廷．思想政治教育原理与方法 [M]．北京：高等教育出版社，2010：153.
③ 陈秉公．21世纪思想政治教育工作创新理论体系 [M]．长春：吉林教育出版社，2000：389 – 409.

治上自由和经济上繁荣的中国，而且要把一个被旧文化统治因而愚昧落后的中国，变为一个被新文化统治因而文明先进的中国。"① 培育新文化、建设文明先进的新中国，思想政治教育是极为有力的抓手。新时期，思想政治教育者应把握社会发展大趋势，紧紧围绕人民精神解放与发展主题，逐步扬弃资本逻辑，为社会提供有别于私有观念的社会主义新观念，满足人民精神发展需求，引领社会进步新风尚。

（一）思想政治教育应以生产和再生产社会主义思想为核心

思想政治教育是要生产和再生产出一个有别于资产阶级意识形态的、能够满足当代中国人对科学的政治理论的精神性需求的、准确反映当代中国的社会主义建设实践的政治的和道德的意义世界。② "共产主义作为理论，是无产阶级立场在这种斗争中的理论表现，是无产阶级解放的条件的理论概括。"③ 前文已经涉及了历史唯物主义的基本精神，从其认识视角而言，是从人的感性—对象性活动即实践的角度领会人类自身的存在；结论是人类社会的物质生产，不仅生产出各种劳动产品而且生产出人与人之间的关系以及人们关于这些关系及其产生的理解和认识。作为精神生产的思想政治教育工作，直接的目的和意义是要塑造出党和人民群众之间良性有序的政治关系，以及对这种政治关系的合理化解释。这种政治关系的物质形态是中国共产党掌握国家政权，观念形态是中国共产党的执政必然性。当然，必须先行承认"社会关系的生产和再生产对人们的意识乃至整个精神生产都起着决定性的作用。"④

---

① 毛泽东选集：第 2 卷［M］. 北京：人民出版社，1991：633.
② 李志平. 作为意义的世界及其整体再生产：对马克思全面生产理论的一个新理解［J］. 湖州师范学院学报，2016，38（5）43－47.
③ 马克思恩格斯文集：第 1 卷［M］. 北京：人民出版社，2009：672.
④ 俞吾金. 作为全面生产理论的马克思哲学［J］. 哲学研究，2003（8）：20.

思想政治教育作为社会主义观念上层建筑的建设工作，应以生产和再生产社会主义思想为核心，真正坚持以马克思主义为指导，维护社会主义意识形态安全。为此，思想政治教育必须牢牢扎根于马克思主义的理论基地，旗帜鲜明坚持自己的立场、观点，坚定不移地学习、传播、发展马克思主义，广泛开展理想信念教育、宗旨教育、社会主义核心价值观教育，以党员干部为重点，以点带面在全社会范围培育和巩固社会主义思想意识、价值观念、道德情操、社会风尚。为此，重点要在广大党员干部中深入开展理想信念教育和社会主义核心价值观教育。党员干部尤其是党的领导干部是党的世界观、价值观落地生根的现实力量，是社会主义思想意识的人格代表，是共产主义、社会主义理想信念的践行者。新形势下，广大党员干部尤其要坚定共产主义、社会主义理想信念，不忘初心，继续前行。尤其是要树立起人民至上的历史观、发展观、政绩观，更好的落实创新、协调、绿色、开放、共享的发展理念，更好的全面建成小康社会，更好的服务人民。

生产和再生产社会主义思想，还要在全社会范围内更加均衡地配置各类精神生产要素。目前，党内宣传部门——包括党校、政府系统、军队系统、高教系统等体制内组织集中配置了大量思想政治教育工作的人才要素、资金要素、信息要素、制度要素。相比之下，广大农村、城市——特别是中小城市基层社区、个体私营企业等"非体制"内社会群体和组织则难以享受到高质量的党的理论、政策宣传教育服务。因此，应在全社会整体层面上实现社会主义思想意识的精神生产要素配置均衡。如建立相配套的激励机制，引导和鼓励党政要员、党校、高校相关知名教授、军内外资深研究人员深入群众生产生活一线，传播马克思主义、解读党的政策、回应百姓关切，缓解局部相对过剩与局部相对不足共存的局面，以及缓解党的思想政治教育工作内涵向高校思想政治课萎缩性演进的趋势。

（二）思想政治教育应以丰富发展人民精神世界为根本任务

历史唯物主义的基本精神之一是广大人民群众是社会物质财富和精神财富的最终的生产者和创造者。因此，党和人民群众的关系是以领导的方式服务人民的关系，有别于任何剥削社会的统治与被统治的关系。思想政治教育工作是沟通党和人民群众思想意志的主要渠道之一，是党以宣传、理论、政治教育等方式满足人民群众思想、理论需要，服务人民群众精神发展，促进社会主义政治文明。中国共产党在建立之初已然确立了全心全意为人民服务的宗旨。无产阶级政党领导下的社会主义国家以实现和维护人民的根本利益为一切建设和发展的根本目的。因此，思想政治教育要以促进人们的精神世界丰富提高为根本任务。

为更好丰富和发展人民的精神世界，党员领导干部、思想政治教育工作者必须坚决与封建主义、资本主义等各种落后的错误的思想理论做斗争，抵制各种形式的精神污染，不断净化社会精神环境、道德环境、文化环境。在理论斗争方面，要坚决捍卫马克思主义的真理性、科学性，准确运用马克思主义的思想科学批判自由主义等资产阶级的思想和理论。打好意识形态的主动仗，并且要有阵地战的意识。主动占领理论和思想高地，不断扩大马克思主义的影响。为此需要学深学透马克思主义理论，准确领会党的意图，练就过硬的历史唯物主义基本功，具备识别各种错误思潮的能力。思想修养方面要坚决抵制各种腐朽思想的侵蚀，不断加强思想修养。开展批评和自我批评，不断剖析自我，反思自我，提升自我。自觉遵守党纪国法，经得起权力、金钱等诱惑。在具体工作中，应注意区分政治问题和思想问题。既要防止将政治问题思想化，也防止将思想问题政治化。

　　为更好丰富和发展人民精神世界，思想政治教育要有效应对各种"非主流"思潮的挑战，最大化思想政治教育的社会效能。从思想政治教育运行模式上看，主导意识形态的生产主要依托党的宣传工作系统及国家控制的官方媒体。"非主流"思想意识的制造以非政府组织、企业法人、个体公民为主，以网站、公众号、微博等商业传媒为机会和平台。有些体制内的社会意识形态生产要素如高校个别"自由知识分子"等存在立场摇摆甚至倒戈的现象，客观上助长了"非主流"思潮的影响力和存在感。只有加强思想政治教育工作的生产要素立体、多样、系统化配置，才能深入社会各个阶层和各个角落，更加有力地与新自由主义等"非主流"思潮争夺群众，守住马克思主义的思想阵地和高地①。

　　促进人民精神世界丰富提高，要相信并科学利用党员干部、青年学生、广大官兵等思想政治教育对象的自我意识和主体构建能力，帮助人们系统化、科学化生产生活中自发产生朴素的社会主义性质的思想意识。思想政治教育工作要做的主要是科学地创造出产生社会主义思想意识的政治、思想、文化等社会条件，有效营造有利于形成社会主义价值观念道德意识的环境氛围。人的主体性能动性的前提和基础是人的自我意识。在社会主义的生产实践和社会生活的实践基础上，人民群众通过感知、观察、反思等自我意识的运动，构筑其自身的主观世界，形成了富有个性特征的世界观、价值观、人生观，以及政治立场和道德追求等。广大思想政治教育工作者不可能离开教育对象，无所依傍地创造出马克思主义的思想意识或道德观念，而只能在了解教育对象思想实际——自发的思想意识的基础上，结合生动的社会生活内容展开马克思主义、中国特色社会主义理论、社会主义核心价值观等思想理论、价值

---

① 张学亮，王永友．意识形态安全的供给侧改革的实践逻辑［J］．理论导刊．2016（07）：19 - 23．

观念的宣传、解释、教育，展示出教育内容的科学性、真理性、启发性，启迪教育对象进一步学习掌握历史唯物主义认识世界、改造世界的立场、观点和方法。同时逐步扬弃私有制基础上公权私有的权力观、个人主义的价值观念、利己主义道德意识等，巩固立党为公、执政为民的执政理念和以集体主义为原则的社会主义道德观念。

（三）思想政治教育应以引领时代精神为发展方向

"时代是思想之母，实践是理论之源"。① 当前，作为社会主义社会精神生产的重要方面，思想政治教育应以引领时代精神为发展方向。思想政治教育应不断提高社会主义的思想意识和理论的生产质量与效率，引领广大党员干部、青年学生、部队官兵、企业员工等受众人群的思想认识朝着社会主义的方向发展。

引领时代精神发展，思想政治教育要主动作为，准确把握自发，有效启发自觉。以社会主义全面建设实践为基础，把人民群众自发产生社会主义的思想意识总结提升为新思想、新理论、新观念。因此，思想政治教育工作要深入生活、深入群众、深入基层、深入实际，准确理解和把握现代社会的运行机理及其蕴藏的丰富的思想内容，挖掘出社会主义的思想意识的一手材料。比如，互联网经济产生的共享意识、共同体观念，其实质是对私有观念的初步扬弃，对于进一步培养和塑造共产主义价值观念而言是有益精神素材。由独占到分享，从个人到公共，这种变化是人民群众生产生活中自然的感性意识。这种近似于共有观念集体主义观念的感性意识在现代人的社会生活中直接产生，显示出了人们思想观念上的进步，同时构成了教育工作赖以发挥作用的群众基础和思想基

---

① 习近平. 在庆祝中国共产党成立 95 周年大会上的讲话［N］. 人民日报，2016－07－02（1）.

础。因此，思想政治教育工作者要通过艰苦的脑力劳动和理论思考，对人民群众生产实践中创造出的感性意识加以总结、提炼、升华，形成具有原则高度和丰富时代内涵的思想体系和理论成果。

引领时代精神发展，思想政治教育要准确把握有效配合党的路线方针政策所体现的时代发展新趋势。党领导全国各族人民全面建设中国特色社会主义，实现中华民族伟大复兴的中国梦是当前中国政治生活的主要内容。当代中国的发展和建设不仅涉及如何持续不断增强国家经济文化等各方面实力即如何将蛋糕做大的问题，同时，涉及更为深层的国家建设发展的政治方向和根本目的即为谁做蛋糕和如何分蛋糕的问题。经过新中国成立后近 70 年尤其是改革开放近 40 年的建设，我国的经济总量、综合实力等方面成就可谓举世瞩目。在中国特色社会主义建设发展过程中，同样积累了诸如两极分化趋势加重、利益固化、公共资源配置不均衡、贪污腐败等有碍社会公平正义的问题①。这些问题如果不能得到妥善处理和有效解决，将会严重威胁到国家的长治久安和中国共产党长期执政的现实根据。因此必须加强党员领导干部的思想政治教育，党员干部宗旨教育是进一步强化党员干部群众观点、践行党服务人民的宗旨，坚持群众路线，不断改进思想和工作作风，自觉与思想中官僚主义、特权思想做斗争的必然要求。

引领时代精神发展，思想政治教育必须启发民智，汇聚民力。具体的思想政治教育工作不仅要做好党的意志的下达，还需做好基层群众意志的上传。一方面要做好党的路线方针政策的宣传、阐释、具体化等工作。另一方面，要做党和人民群众之间沟通的桥梁通道，积极了解人民群众生产生活中面临的突出的现实问题，了解群众认识分歧背后的非

---

① 孙存良，祁一平，贺霞. 深刻理解坚持以人民为中心的发展思想［N］. 光明日报，2015 - 12 - 27：（7）.

思想性根源，尤其是表现突出带有普遍性的问题要及时总结汇报，为深化改革、完善政策提供依据。思想政治教育工作要成为党了解掌握民情、民意的重要反馈渠道，不仅要做党的思想意志的传声筒，也要做人民群众心声的回音壁。人民群众对党的政策制度出于自身利益的考虑站位不够高，理解不够深入全面，需要思想政治教育工作者深入做好沟通和解释工作。在方法上也要坚持从群众中来到群众中去，而不是官老爷作风。"如果把自己看作群众的主人，看作高踞于'下等人'头上的贵族，那么，不管他们有多大的才能，也是群众所不需要的，他们的工作是没有前途的。"① 了解群众意愿，反映群众呼声，目的是要使人民群众具体的合法利益得到有效保障，毕竟人民群众的满意度是对党的工作进行检验和评价的基础性标尺。

引领时代精神发展，思想政治教育要了解和掌握不同教育对象的心理、行为特点，尝试开展精准化思想政治教育工作，提供更为个性化教育内容和方式，尽可能地实现"个性化的教育"，提高工作的效率。现代社会大数据等信息技术和心理行为理论的结合越来越紧密，共同为思想政治教育工作精准化提供了有力的技术层面的支持，创造了客观条件。广大思想政治教育工作者，一定要深刻领悟互联网等信息技术对当代中国人生产、生活、生存方式的整体塑造力，把握信息技术所遵循的共时、共享、符号化等逻辑，在互联网时代以互联、互通的开放态度对待新技术、新手段，既不盲目排斥也不盲目跟风，而是谨慎对待，扬长避短，为我所用。如按照思想政治教育相关性原则，依托信息技术提供的大好机会，持续开展"研讨式、对话式、情景式"等教育教学活动，提高教育对象的有效参与，增强教育实效。

---

① 毛泽东选集：第3卷［M］．北京：人民出版社，1991：1031.

二、新模式：思想政治教育应走向"社会整体"模式

思想政治教育可被看作是促成马克思主义的思想意识生成的主要实践形式。① 20 世纪 80 年代建立的思想政治教育学，最初是以学校尤其是高校的思想政治教育课教学为主要历史蓝本，以高校思想政治教育工作者为主体的学者们构建起的认识论框架下的思想政治教育理论和思考模式。这种模式随着思想政治教育自身的发展逐渐呈现出了某种弊端和局限性。教育需要解放思想扩展视野，切换路径，塑造新模式。

（一）促进还原路径生成化，革新思想政治教育工作思路

所谓思想政治教育工作的还原路径是指思想政治教育工作，对待以马克思主义等主要教育教学内容，整体上采取了知识论的态度，并形成了近似于知性教育的工作方法。具体而言，就是将人的思想意识还原为各种知识，然后，将马克思主义及其后续发展成果加工制作成理论知识推送给教育对象。以此为基础形成了普通教育学意义上的思想政治教育，其工作方式已经被教学化，典型的代表是高校、党校等学校思想政治课的教学工作。

广大青年学生把相应理论知识在大脑中储存起来，考试时写在考卷上，考完后大脑里可能还留存着诸如经济基础上层建筑等一些常用名词，至于理论内容本身则很难被再现更不要说准确应用于生产生活实际了。尤其是广大理工科学生，从中学时候起就已经被训练成了知性的自然科学思维模式，百余学时的政治理论课教学最多只能向他们打开领悟世界的另外一扇门。马克思主义的思想意识并不会随着受教育者社会主

---

① "思想政治教育学是研究人们的社会主义、共产主义思想意识形成、发展规律的科学。"陆庆壬．思想政治教育学原理［M］．上海：复旦大学出版社，1986：5.

义理论知识的增加而自动产生，俗语所说"师傅领进门，修行在个人"。还原路径的思想政治教育工作不是错误的，但意义却是有限的。只适合对受教育对象是否掌握政治理论的知识负责，至于其他的更加具有实质意义的理想信念的树立、价值观的形成等，事实上已经不在政治理论知识的教学能力之内了。可见，转识成智以知促行绝不止知与否一个环节，此环节只是思想政治教育辩证运动的开始。

所谓思想政治教育工作的生成路径，相对于还原路径而言，主要是指思想政治教育工作及时发现总结，提升社会生产生活中所蕴含的社会主义精神因素系统化科学化，实现马克思主义理论的新发展，同时，积极引导具有鲜明时代特点的社会主义的思想意识逐步从"无"发展至"有"，从自发走向自觉。从加强和改进思想政治教育工作的角度而言，逐步切换思想政治教育工作至生成路径是有理论依据和一定现实基础的。生成路径的工作方法原则，体现出对社会存在决定意识基本原理的贯彻和对受教育对象主体性能动性的尊重。

马克思主义的思想意识在当代中国自发产生具有了一定的实践基础和文化条件。中国的社会主义社会经济建设和社会主义意识形态建设已经持续了大半个世纪，大大不同于列宁提倡外部灌输时即一个世纪前的沙皇俄国的历史条件和外部环境。如今，大多数中国人生在新中国，长在红旗下，他们的人生历程与中国的社会主义建设同步，绝大多数人都是社会主义参与者、建设者、受益者。当代中国人的科学文化和思想道德水平，一定程度上具备了自主学习马克思主义的能力和条件。认得汉字，有几十元人民币买书，便可以自行研习《共产党宣言》。深一步讲，中国当代的社会化大生产程度大幅提高，分工协作的紧密程度大幅提升，社会关系的发展日益丰富，普通劳动者服务社会的公共主义感性意识日益形成。现在普通快递员的服务意识和服务质量可能要比三十年前供销社售货员的高得多。而事实极有可能是计划经济体制下供销社售货员比快递员接受的组织教育无论频率还是内容都要多。

丰富的就业机会和相对完善的社会保障给了人们职业选择的自由，相应地人们的追求自由的意识也更加强烈。但是，真正的系统的、科学的、全面的马克思主义的思想意识的产生，仍然需要坚持不懈地发挥思想政治教育的培育塑造功能，也就是说，思想政治教育工作的地位作用不能被人为地削弱。因为，中国共产党的思想政治教育工作，根本目的只有一个"为共产主义而奋斗，实现每个人自由而全面地发展"。人的解放主题贯穿于马克思主义全部理论的始终。根据马克思对社会形态中"人的依赖关系""以物的依赖性为基础的人的独立性""自由个性"三大形态的划分，我国目前社会主义初级阶段尚处于第二阶段，且在思想意识领域带有人身依附色彩的老乡观念、庸俗关系论、男尊女卑等落后思想有所残留，物的依赖阶段中的等价交换原则及其意识形态化的结果拜金主义等随处可见。① 因此，思想政治教育工作的使命任务尚未完成，仍要继续帮助当代中国人逐步从私有观念的思想体系中解放出来。"实现自发向自觉的不断升华，需要实现自发意识向自觉意识的升华。"②

意识形态的形式的变革，相对于经济基础的变更是缓慢的。作为直接促使这种缓慢变更发生的具体活动形式的思想政治教育工作，应能够在深刻领会时代发展的精神内涵的前提下成长为时代精神精华，并以我为中心，向外辐射出时代精神的光和热。近几年，在思想政治教育学的理论研究中，借鉴了建构主义等理论，高度重视教育对象自身的建构功

---

① 廖小琴. 人的精神生活质量研究［M］. 南京：江苏人民出版社，2009：190 - 193.
② 骆郁廷. 自发与自觉：思想政治教育的重要范畴［J］. 思想教育研究，2007（5）：10.

能的发挥和自主学习方法的探讨，对于教育理念转变起到了积极的引领作用。关于思想政治教育工作拓宽载体渠道，提高教育工作者自身能力素质和工作水平，调动受教育对象的主动性进行自我教育，取得了一定的成效，积累了一定经验。

（二）促进责任主体实质化，增进思想政治教育主体效能

任何工作都需要有相应的人去完成。思想政治教育工作中的有效劳动构成了实质性的思想政治教育。思想政治教育工作坚持实践原则，需要大力促成责任主体实质化，增加有效劳动，减少无效劳动。增进教育工作实际效能。思想政治教育工作责任主体的确定依据的是党章、党的文件等相关制度法规。也就是说各级党委（领导干部）、各级党的宣传部门、党校、党支部、共青团、国家机关工作人员、高校政治理论教师、辅导员等均可被理解为开展思想政治教育工作的责任主体。此类主体有的是组织机构，有的是个人。职责划分各不相同，有的负责组织领导，有的负责具体实施，有的负责服务保障。实质主体确立的依据不是职责内涵而是具体的教育活动自身。实质主体可能是负责思想政治教育工作的机构和个人，也可不是。思想政治教育实质主体和责任主体在有些情况下是统一的。假设，某党支部书记目标明确地完成了一场党课讲座，丰富了支部成员的党史知识，那么该支部书记作为责任主体完成了实质性的教育活动，在此过程中责任主体和实质主体实现了统一。第二天，该支部某党员在家被父母进行了家庭美德教育，该党员主动终止特定不符合社会主义家庭美德的行为。那么，该党员的父母构成了该思想政治教育活动中的实质主体，却不是责任主体。此教育活动中，实质主体和责任主体不相统一。责任主体具有开展思想政治教育工作的责任和权力，掌握更为充足的思想政治教育材料和资源，一般具备较高地理论

水平和政策水平，也就是具备有效开展工作的客观条件。而责任主体最大的问题是不必然能够与受教育者构成实质性的对象性关系，实现对受教育者思想意识的塑造，达成教育目的。很明显，思想政治教育实质主体的现实意义大于责任主体。因此，要促进责任主体实质化，充分发挥思想政治教育责任主体所掌握的教育资源的作用，实现思想政治教育权责部门和人员的教育功能。

思想政治教育当中的有关主体、客体及其相互关系的讨论意义，显然不能局限于为"政治理论课教学以学生为中心还是以教师为中心"提供理论前提。而是可以为"隐性"思想政治教育等提供更为恰当的理论依据。也就是说依照实践原则对思想政治教育活动的理解，隐性思想政治教育形式上而言有别于政治理论教育教学，但是，只要这样的活动能够达成教育目的、有具体的实施人、并实施了教育行为，即可以被认定为思想政治教育活动，反之，则不能被称作是思想政治教育。这样，有利于积极拓宽实质主体的产生渠道和范围，使之可适当向家庭、朋友、社交群体、社会等更大范围内延伸，以便寻找和确定得力人员渗透性地开展"隐性思想政治教育"。同时，也有助于防止思想政治教育被泛化、虚化或被替代化。促进实质主体和责任主体相统一的方法论意义还在于可以更加科学地确立评价标准，形成正确的评价导向。确立合理的评价依据是进行开展思想政治教育有效评价的前提。根据促进实质主体和责任相同统一的原则，首先要区分两套不同性质的思想政治教育活动。一是思想政治教育责任行为活动；一是思想政治教育实质行为活动。责任行为活动的考察内容，应包括党课教育数量和具体内容、经常性思想政治教育工作开展频次和内容、思想政治教育课课时量和授课质量等制度落实情况。思想政治教育实质行为活动，在责任行为活动基础上，重点考察单位人员的精神面貌、内部关系、单位风气、服务中心工作情况、所属成员违法、违纪情况等。如果责任行为和实质行为相一致，则为优。如果责任行为充分而实质行为匮乏，则为差。如果责任行为匮乏，而实质行为充分，则为中。

促进责任主体和实质主体的统一，最终是为了使责任行为尽可能都变成实质性教育行为，减少思想政治教育工作中的走形式的部分，增加其真正发生作用有效成分。这样，思想政治教育便不再仅仅是工作，而是真正的教育。

（三）促进方法与内容统一，科学改进思想政治教育方法

坚持方法与内容的有机统一应作为思想政治教育工作方法创新的基本原则确立起来。方法和内容是对象性的关系，不能踢开内容单方面地追求方法上所谓的创新。方法本身无所谓新旧，且新旧本身不是问题的关键。问题的关键是方法能否展现教育内容，实现教育目标。这里内容不是指具体教育工作当中的思想品德与法律基础等教学内容，而是指思想政治教育工作目标、主体、对象、途径、环境、载体、手段、过程等所有历史性内容。这里的方法不是指四步教学法等教育工作具体的办法，而是重在指思想政治教育工作模式层面的思路方法。从发展史的角度分析，大致可以将思想政治教育工作分为宣传运动模式、学校教学模式、社会整体模式。一般而言，某一历史时期有一个模式占主要地位，其他模式同时存在。比如新中国成立前的思想政治教育工作，宣传运动模式是常用模式，同时存在着延安马克思列宁学院等学校教学模式。每一种常用模式与其所产生的社会历史条件整体上是匹配的，随着时代发展技术进步社会关系日益紧密和丰富，旧模式的缺点和问题不断暴露，并最终被新模式所扬弃实现发展。

目前，代表着思想政治教育最新发展形态是"社会整体"模式。

这种模式，按照习近平总书记的构想，应该是"部门首责""全党动手""多域结合"。当代中国已经初步具备了建立社会整体思想政治教育新模式的条件，比如，党的集中统一领导、社会分工协作高度发展、信息交换充分完全、有力的资金和技术支持等。在思想政治教育新模式的创建过程中尤其要突出内容与方法的历史地具体地有机地统一。如坚持外在的教育与内在的修养相统一、社会的教育与自我的教育相统一、知识的教育与实践的教育相统一、显性的教育与隐性的教育相统一等。而不能置思想政治教育的本质、性质等于不顾，完全在意识形态工具的意义将其与剥削阶级意识形态工作尤其是当代资本主义意识形态工作相等同。去立场、去原则、去本质、去性质，只剩下形式的空心化的思想政治教育工作是很危险的。这种割裂目的与手段、形式与内容、原因和结果的思维方式显然是形而上学的遗风。无产阶级的思想政治教育与剥削阶级的意识形态工作有着本质的区别。尤其是在马克思恩格斯的语境中意识形态完全是一个贬义词，其最突出的特征就是虚假性或曰非现实性，意味着剥削阶级对人民的思想麻痹精神统治，意味着真理的遮蔽和思想自由的剥夺。"无产阶级的思想政治教育从一开始就与剥削阶级的思想政治教育不同。这种不同从一般理论看，表现为性质、目标、原则、内容和方法的不同。"①

思想政治教育工作当然不能将自己塑造成顽固保守的老夫子，也不能无原则地赶时髦。方法创新的依据是历史内容的改变，为了创新而创新则是形式主义在作祟。任何形式的逶迤迎合、借口掩饰，都是缺乏理论自信、文化自信的表现，也是不可取的。思想政治教育学成立之初，面对来自国外资产阶级的责难，为了证明自身存在的合法性，给出了一套解释方案：资本主义国家虽然没有思想政治教育之名，却有思想政治

---

① 陆庆壬.人的发展和社会发展［M］.上海：同济大学出版社，1994：1.

教育之实，因此，社会主义国家搞思想政治教育是合理的。初看似乎有道理，仔细分析不难发现这种"投名状"型的思维方式有待商榷。其实质是对自我的贬低。面对指责，无产阶级的思想政治教育工作没有选择独自担当而是拉着对方做帮手。"不仅我有，你也有，所以我有，是合理的。"共产主义自诞生之初就背负来自各国反动势力的种种"骂名"。面对所谓神圣围剿，马克思、恩格斯得出的结论之一是"共产主义已经被欧洲的一切势力公认为一种势力"①，当年真理在我的浩然之气跃然纸上。同样，外国资产阶级对思想政治教育的责难说明他们对无产阶级的思想政治教育的巨大社会影响能力产生忌惮，因为思想政治教育是无产阶级精神力量的重要生产途径。21 世纪的社会主义中国还有学者认为将思想政治教育的本质属性定位为政治性，理由是"可以起到政治'美容'和社会传播的效果"。② 事实是我们进行的思想政治教育既不需要掩饰也不需要谋得资产阶级意识形态家们的认可，我们恰恰是要旗帜鲜明地对资产阶级意识形态展开批判。

　　作为理论研究的思想政治教育学也同样不能靠移植和嫁接各种新潮理论安身立命，而是要沿着历史唯物主义的道路坚定地走下去，坚持人民立场，严守实践观点，用活辩证方法，不能总追着所谓热点跑。市场经济兴起，思想政治教育学大量借鉴管理学中概念术语。人学理论成为显学，思想政治教育开启了人学范式转换。思想政治教育学不能像河边芦苇一样，总靠换范式来确立存在依据，谋求真正发展。从学术研究的角度而言，任何概念、术语的使用必然包含着特定的立场和观点。比如，资产阶级经济学家用"利润"，马克思政治经

---

① 马克思恩格斯文集：第 1 卷 [M]．北京：人民出版社，2009：30．
② 叶方兴．政治性·抑或意识形态性——思想政治教育本质的理论辩明 [J]．求实，2010（10）：85．

济学批判用"剩余价值"。"剩余价值和利润的混淆或区分不清，正是政治经济学中产生极大谬误的根源。"① 我们已经明白利润的概念是如何一步步掩盖了资本主义的剥削实质。以及剩余价值理论是怎样科学地批判了利润及其背后全部的资产阶级政治经济学。无论是教育学话语、管理学话语、心理学话语都不是思想政治教育自己的话语，思想政治教育只能在总结历史，科学抽象的基础上，形成自己鲜明学科特色的范畴体系和研究范式。

三、新方法：思想政治教育应坚持实践辩证法

马克思主义不仅从人的感性活动理解事物的存在，也沿着同样的原则理解事物的发展。马克思主义的辩证法不是头脑中的思想辩证法，而是社会历史中实践的辩证法。思想政治教育的发展从根本上必须坚持实践优先维度，从现实出发而不是从主观愿望出发处理和解决问题；思想政治教育必须将教育内容与教育方法有机统一起来。

（一）思想政治教育应坚持从人的现实存在出发

历史唯物主义认为任何事物的矛盾运动都是历史的具体的。所谓"历史的"，是指事物发展的过程性，是指上一时期发展结果对事物不可避免的影响作用。也就是说任何新的发展是有既定历史前提和条件的，那就是上代人留下的全部的物质的、精神的，"好的""不好的"实践活动结果。比如思想上"代沟"就是社会发展不同阶段所造就的人们思想意识上的差异。信息时代，父辈人怀念等候一封情书的浪漫，子一辈则享受"说走就走"的快捷。历史是在具体的时间中写就的，历史是活在当下的过去。时间的连续性是历史性直观的显现方式。所谓

---

① 马克思恩格斯全集：第 32 卷［M］．北京：人民出版社，1998：416.

"具体的"，是事物发展的客观性，直观表现为事物发展受综合的客观的条件的制约，而不会被人的主观愿望所改变或否定。诸条件中，有自然的，也有社会的；有物质性的，也有精神性的；有国内的，也有国际的。人的实践活动是事物发展的承载，外在于人以及人的实践活动的所谓"客观规律"只具有相对的意义。离开了人的感性对象性活动，只能是史前文明的自然规律及其盲目发生的作用。规律及其实现的实践属性是普遍的。"凡是把理论引向神秘主义的神秘东西，都能在人的实践中以及对这个实践的理解中得到合理的解决。"①

人的实践活动不仅改变了对象，而且同时改变了人关于对象的认识，因此，人的认识过程统一于实践过程。同样，作为"实践"的实践活动，必然包含着对问题特定的认知和理解模式，因为人的感性的对象性的活动也是自由自觉的活动。主观意识的"概念辩证法"只不过是事物自身矛盾运动辩证法的抽象表达。在《矛盾论》《实践论》中，毛泽东同志沿着列宁所开辟的"辩证法也是认识论"思想道路，深刻阐述了"人的正确思想从哪里来"的重大理论问题。思想从实践中来，人通过自身的实践活动，将自己的本质力量对象化到具体的事物当中去，并在实践活动中感受、认识、理解着自身与对象的关系以及此关系产生的意义。由此可推，当代中国人的思想意识、价值观念一定要从当代中国人的社会主义建设实践中来。思想政治教育不能规定或强迫人们应该怎么想，只能告诉人们可以这样想，并讲出其中的根据。且从根本上转变人的思想意识，最终诉诸的现实力量离不开人们具体的生产生活实践。"无论何人要认识什么事物，除了同那个事物接触，即生活于（实践于）那个事物的环境中，是没有法子解决的。"② "人非生而知之

---

① 马克思恩格斯文集：第1卷［M］. 北京：人民出版社，2009：501.
② 毛泽东选集：第1卷［M］. 北京：人民出版社，1991：286-287.

者"，学习和实践是人们获得正确认识的两条基本途径。关于中国的革命道路的真理性认识不是写在马克思恩格斯论著中某一个现成结论，而是中国千百万革命者艰苦探索的结果。具体到个人也是如此，"少年不识愁滋味，为赋新词强说愁"，经过历练才能更为深刻地认识社会体悟人生。缺乏个体感性意识的道理对于当事人而言是外在的，并因此很难作为当事人自己的道理而存在的。如恩格斯所说"真理是在认识过程本身中。"① 古人云：纸上得来终觉浅，绝知此事要躬行。"人的意识，随着人们的生活条件、人们的社会关系、人们的社会存在的改变而改变"。② 这么说并不是要否认"外部灌输"存在的价值，而是说要澄清两者之间的关系，不可以本末倒置或者舍本逐末。

马克思主义既是思想政治教育的指导思想，同时也是其重要教育内容。作为无产阶级阶级意识的系统化理论化的表现形态，其基本精神或即通常所说的原理，需要在当代中国的理论武装工作中得以充分的尊重和体现。

（二）思想政治教育应围绕人们的思想改造开展

中国共产党的思想政治教育工作史是以培养无产阶级的政治人格作为开始的。思想政治教育工作通过人与人之间的知识传递、情感互动、思想交流等精神性的交往活动培养和塑造社会主义人格。人格不是规定人的自然属性的概念，而是规定人的社会属性的概念。具体的人对具体事的具体看法是不是具有社会主义的性质则不能作为是否具有社会主义人格的依据，因为判断一个人是什么样的人，显然是不能仅凭借"他

---

① 马克思恩格斯文集：第 4 卷 ［M］. 北京：人民出版社，2009：269.
② 马克思恩格斯文集：第 2 卷 ［M］. 北京：人民出版社，2009：50 – 51.

怎么想、怎么说"，而更要考察"他如何行事"。① 如我们所熟知，人的本质在其现实性上是各种社会关系的总和。社会主义人格的实质是社会主义性质的人与人之间社会关系。人格形成的基础是人的实践活动，具体内容主要是人类社会各种形式的生产、再生产活动。社会主义人格产生的基础则是无产阶级领导的社会主义革命和建设实践。作为考察"关于现实的人及其历史发展的科学"的马克思主义理论，要研究社会主义的思想意识的生成必然要结合产生这些思想意识的社会历史条件来进行。包括社会主义意识形态建设在内的全部共产主义运动"把迄今为止的全部历史，特别是这一历史目前在文明各国造成的实际结果作为前提。"② 从社会关系的解放（即人的社会关系的丰富和发展）的视角来看，当代中国社会已经基本走出了"人的依赖关系"阶段（第一阶段），处于从"以物的依赖性为基础的人的独立性"阶段（第二阶段）向"自由个性阶段"（第三阶段）的过渡时期。处于过渡时期的事实，既是思想政治教育工作存在的历史依据也是其面对的现实条件。因为是"过渡"，所以第一和第二阶段社会关系及其相应的思想观念依然事实地存在着，因此需要思想政治教育工作去对各种非马克思主义思想意识进行观念的批判。因为是"过渡"，所以思想政治教育工作的内容正是生产出社会主义的思想意识，是要促进人的思想从以"私有观念"为核心的旧意识形态中解放出来。

思想政治教育改造与被改造的矛盾中，包含着两个不同层面的矛盾。一是马克思主义与非马克思主义的思想意识之间的矛盾。二是观念形态的社会主义人格和当代中国具体的社会关系（以政治关系为主要

---

① 言行不一的分裂型人格的自然人，大有人在。其言是正，其举必负；其思为此，其行为彼；其名为公，其实为私。可以从道德角度，指证其虚伪。但是，我们所从事的不是道德批判，而是历史批判。

② 马克思恩格斯文集：第 1 卷［M］．北京：人民出版社，2009：672．

内容）之间的矛盾。而第一对矛盾当中的非马克思主义的思想意识可以被理解为"人的依赖关系"和"以物的依赖性为基础的人的独立性"社会关系的观念形态。因此，思想政治教育工作的所要处理的主要是社会主义的思想意识与以政治关系为主要内容的社会关系之间的关系。正是这样一组关系决定着思想政治教育工作在不同的历史时期的主题、内容、形式、方法。比如中国共产党的思想政治教育史上，由于土地革命战争时期的阶级关系有别于抗日战争时期的阶级关系，抗日战争时期的思想政治教育工作，一方面是做好党的方针政策的解释工作——说明国内阶级矛盾地位下降，中日两国民族矛盾地位上升等党中央对局势的研判。另一方面是做好革命情感的转化工作——由激发对地主阶级和官僚资产阶级的革命斗争热情转变为激发对日本帝国主义的抗战热情，而促进对所有抗日力量包括对地主阶级和官僚资产阶级的团结友爱之情。就形式而言，战争年代的教育囿于客观条件的限制，以宣传、鼓动为主要工作方式，而在新中国成立后系统化的思想政治教育教学工作才成为可能。

思想政治教育工作着眼于人们思想观念的变化——先进的科学的思想意识的形成和落后的愚昧的思想意识的淘汰。意识领域的变化从根本上讲是基于社会生活内容的演变。由于意识具有相对独立性、人自身具有主观能动性，人们的思想意识和社会关系之间并不是机械的一一对应关系。激烈的政治革命可以在较短的时间内砸碎旧的国家机器、消灭旧的剥削制度，而社会意识形态的改变则相对缓慢，表现出一定的滞后性。尤其是在中国共产党领导的新民主主义和社会主义革命建设过程中，无产阶级本身发展不成熟且没有产生出相应的代表着无产阶级根本利益的思想理论体系，而广大农民、小生产者、小资产阶级虽是革命的重要力量，却往往同时也是旧思想、旧观念的重灾区。因此，中国共产党的思想政治教育工作主要表现为部分先进的信仰马克思主义的知识分子对广大工人、农民进行马克思主义及其中国化成果的宣传、教育和普及。也就是说中国共产党的思想政治教育工作，通常意义上是在先进和落后之间展开。先进的马克思主义的思想意识是教育工作者所期待的"理想"，落后的剥削阶级的思想意识通常是广大受教育对象的思想"事实"。于是，思想政治教育学的理论工作者，将思想政治教育的基本矛盾归结为"应有"和"实有"之间的矛盾。必须承认这种理论思考是一种关于党的思想政治教育工作历史内容的经验性总结，但不是科学的抽象。

（三）思想政治教育应讲真话办实事更加接地气

思想政治教育实践原则的基本精神在于对"真实"和"具体"的推崇。当前思想政治教育工作的全部意义就在于通过责任人员的努力生产出社会主义的思想意识，并进而维护无产阶级的政治上层建筑即中国共产党的领导和社会主义制度。思想政治教育工作以对人们思想认识价值观念负责的形式对党和国家负责。根据思想政治教育相关性原则，思想政治教育工作拟将增强时代性、感召力，必须尊重社会主义的思想意识产生的基本原则即实践原则。正如被许多学者所公认地那样，思想政治教育工作得以有效展开，必须遵循"人们的社会主义、共产主义思想意识形成、发展的规律。"① 这里的规律实质上可以被理解为历史唯物主义的实践本体论原则和相应的方法论原则。

接地气的思想政治教育工作，仅就方法而言，无非是把具体的教育工作做实、做细。比如，一直以来强调的"以情动人、以理服人，以

---

① 陆庆壬. 思想政治教育学原理 [M]. 上海：复旦大学出版社，1986：5.

实化人"。以理服人，重点是做好思想政治教育的理论武装工作，要讲透理论本身，在对马克思主义、中国特色社会主义理论等进行系统深入地研究基础上，展示出基本原理、基本观点、基本方法，把真理讲真。以情动人，重点是搞好经常性思想政治教育。细微之处见真情，日常的工作学习生活，是经常性思想政治教育展开的广阔舞台，也是衡量教育是否有温度动真情的试金石。以实化人，重点是维护群众利益，关心群众生活，满足人们对高品质精神生活的追求。

概括起来，思想政治教育工作的"实"，无外两点——一说实话二办实事，贯彻其中的是动真情。"说实话"用理论的语言表达就是"追求真理"而不是"传播谬误"。追求真理必然涉及马克思主义的认识论或者真理观。马克思主义的认识论并不完全是能动的反映论，更多的是感性活动构造论。所有反映论的基础都是主客二元对立基础上的机械唯物主义。马克思主义的本体论基础是感性活动论。也就是说包括社会主义的思想意识在内的人的思想观念、道德意识都不是单纯的思维活动的结果，而是人在具体的感性对象性活动中逐步产生的思想、情感、意志、心理等统一体。那么当代中国人的最基本的实践活动形式依然是生产劳动。这种生产活动主要是指物质财富的生产活动。与物质财富生产过程一起被生产出来的还有人与人之间的社会关系和思想意识。

具体到思想政治教育工作"说实话"，是指教育内容不要脱离或者违背一般受教育者生产生活所能够产生的思想意识。根据思想政治教育相关性原则的要求，教育工作不能与教育对象相脱离，即不能与教育对象的具体的生活、学习、见闻等相抵牾。如果教育工作所宣传的与受教育对象所经历的不相关或者完全相反，那么，对于受教育对象而言，那些教育内容都是"虚假的"而不是"真实的"。因为人的感性实践活动是先于思维概念的，教育工作所教的所有理论、观点等都是以概念范畴形式存在于人们的意识中。所以，了解教育对象的成长生活经历和思想实际是开展思想政治教育工作的必要准备，有针对性开展教育工作，才能更加有效。所以，教育工作所要实现目标不仅要对教育工作者有意义，对受教育者也要有意义，不能单从所谓"工作需要"搞教育，也要从教育对象的思想发展、成长进步等需要开展教育。总之，教育工作必须与主体和对象都有关系。"办实事"，就是通过思想政治教育能够解决一些思想困惑，解决一些理论难题，缓解一些的心理或情绪障碍；在具体的思想政治教育工作中妥善协调处理一些"非思想问题"，如协调家庭矛盾、维护合法权益、协助解决某些生活困难等。解决思想问题与解决实际问题相结合，也是党的思想政治教育工作的优良传统。

"细"就是思想政治教育具体化。具体的事物都是感性的，而非概念性的。知道是一回事，具体做是另外一回事。沙盘推演千百遍，投入实战也会变。思想政治教育工作做细，就是要一项一想地去完成。针对具体的人、具体的事、具体的情景，讲述具体的道理，实现具体的目标。古人云：一屋不扫何以扫天下，毛泽东同志讲"从来没有不经过打扫而自动去掉的灰尘"。并且说"我们有些同志就是相信政治影响，以为靠着影响就可以解决问题。那是迷信。"① 思想政治教育工作也要一点一点地做扎实、做细致，有钉钉子的精神，挨个人挨个事挨个道理地去完成。教育要做到"具体"就不能一成不变，因为对象在变，环境在变，任务也在变。追求短期内立竿见影的教育效果是不现实的，教育对象头脑中马克思主义世界观确立、社会主义价值观念的形成等教育效果是一系列教育环节共同促成的，慢慢积累由量变到质变

---

① 毛泽东选集：第 4 卷 [M]．北京：人民出版社，1991：1132－1133.

的过程。因此，教育要具体化，针对具体教育对象，根据具体任务，合理设置教育目标，因材施教，且要坚持经常，做长久。思想政治教育做实、做细、做长久，不是要回到事务主义上去，而是胸怀远大的共产主义理想，脚踏中国大地，深入党员群众当中去，事事用心，时时用力，久久用功。

结　论

　　实践原则是思想政治教育的本体论原则。思想政治教育实践原则可以具体化为一致性原则、主体性原则、相关性原则、对象性原则、发展性原则等具体原则。基于实践原则考察思想政治教育，可以得出如下认识：思想政治教育是人类实践活动中的一种类型，是社会主义的观念上层建筑的建设活动，是以马克思主义思想意识为主要内容的精神生产、再生产活动，是无产阶级和广大人民群众思想解放的基本途径。无产阶级的思想政治教育以扬弃私有观念实现共产主义为目标，以促进广大人民群众的精神发展为目的。在阶级对立尚未完全消失的历史条件下，思想政治教育具有助力无产阶级获得政权、巩固无产阶级政党执政思想基础的使命和功能。思想政治教育与剥削阶级精神统治、剥削阶级的意识形态建设之间有着目的、内容、性质、主体等本质差别，应该从概念开始加以区分。

　　无产阶级的思想政治教育无论是党内的思想建设还是普通群众的思想政治教育，都是用共产党的理论统一人们的思想、武装人们的大脑，谋求党组织内部以及党和人民群众的思想认识上的最大限度地团结一致。就其历史内容而言，主要是以党的指导思想——马克思主义为思想武器批判扬弃战胜各种非无产阶级思想认识，培育和塑造出有别于剥削阶级意识形态的社会主义新思想、新道德、新风尚，逐步实现与社会主义政治革命和建设相应的观念上层建筑的建设与发展。从思想政治教育所要处理解决的问题中，可以抽象出其基本矛盾——共产党所代表的马克思主义思想意识改造战胜留存在人们心中的各种非马克思主义的思想意识之间的矛盾即改造与被改造的矛盾。意识层面的矛盾背后往往存在着一般意义上不同阶级、阶层、群体之间的权力、利益等现实矛盾。因此，须将两种类型的矛盾联系起来而不是机械地对应起来考察。

思想政治教育主要通过党领导和组织下的思想政治工作实现。由于社会分工尚未消失、劳动还没有完全成为人们自由自觉的活动，思想政治教育工作和思想政治教育还不能达到完全意义上的统一。思想政治教育工作中的有效劳动部分构成了思想政治教育活动。思想政治教育活动也可能存在于其他非职责性的社会活动当中。作为工作的思想政治教育，在法学意义上的责任主体与对象之间完成；作为活动的思想政治教育，在哲学意义上的实质主体与对象之间完成。所以，思想政治教育当中的"人"存在着实质主体与对象、责任主体与对象之分。思考和研究问题时应注意角度和层面统一，避免相互交叉带来的混乱。

思想政治教育决定于工人阶级的先锋队组织——共产党的革命和执政实践以及以此为基础所形成的党和人民群众的关系、党内关系，思想政治教育对后者有一定的影响作用。从中国的无产阶级思想政治教育史考察中可以看出，当党的思想政治教育自觉坚持历史唯物主义实践原则，与社会的生产生活逻辑总体上相一致的时候，思想政治教育就能够促进党和人民群众结成命运共同体，促进精神文明、政治文明朝着社会主义方向发展。当党的思想政治教育与实践原则相偏离的时候，思想政治教育常常会异变为自己的对立面，伤害人民心灵，有损党的声誉，破坏安定团结的局面，且易被国内外的敌对势力所利用。

　　基于实践原则审视思想政治教育现实可以发现其中一些诸如庸俗化、形式化、外在化、抽象化等不良倾向，需要加以纠正和克服。今后一段时期的思想政治教育应围绕人民精神解放主题，坚持实践的辩证法，在走过"政治运动"式、"学校教学"式两大阶段后，发展出更接地气的党领导下的"社会整体"新模式。

参考文献

专著类：

［1］国家教委思想政治工作司．中国共产党思想政治工作史［M］．北京：红旗出版社，1995.

［2］陈秉公．思想政治教育学［M］．长春：吉林大学出版社，1992.

［3］毛泽东文集：第7卷［M］．北京：人民出版社，1999.

［4］马克思恩格斯文集：第10卷［M］．北京：人民出版社，2009.

［5］马克思恩格斯选集：第2卷［M］．北京：人民出版社，1995.

［6］陈万柏，张耀灿．思想政治教育学原理［M］．武汉：华中科技大学出版社，2009.

［7］马克思恩格斯文集：第1卷［M］．北京：人民出版社，2009.

［8］张耀灿，郑永廷，骆郁廷．现代思想政治教育学［M］．北京：人民出版社，2006.

［9］陆庆壬．思想政治教育学原理［M］．上海：复旦大学出版社，1986.

［10］王礼湛．思想政治教育学［M］．杭州：浙江大学出版社，1989.

[11] 陆庆壬. 人的发展和社会发展 [M]. 上海：同济大学出版社，1994.

[12] 黑格尔. 小逻辑 [M]. 贺麟，译. 北京：商务印书馆，2009.

[13] 宋锡辉. 思想政治教育学导论 [M]. 北京：民族出版社，2015.

[14] 张光陆. 解释学视域下的对话教学 [M]. 北京：中国社会科学出版社，2012.

[15] 邱伟光. 思想政治教育学概论 [M]. 天津：天津人民出版社，1988.

[16] 邹学荣. 思想政治教育学 [M]. 重庆：西南师范大学出版社，1992.

[17] 陈秉公. 思想政治教育学原理 [M]. 沈阳：辽宁人民出版社，2001.

[18] 黑格尔. 哲学史讲演录：第 4 卷 [M]. 贺麟，王太庆，译. 北京：商务印书馆，2013.

[19] 吴晓明，陈立新. 马克思主义存在论研究 [M]. 北京：北京师范大学出版社，2012.

[20] 马克思. 1844 年经济学哲学手稿 [M]. 北京：人民出版社，2000.

[21] 费尔巴哈哲学著作选集：上册 [M]. 北京：商务印书馆，1984.

[22] 黑格尔. 精神现象学：上册 [M]. 贺麟，王久兴，译. 北京：商务印书馆，1979.

[23] 马克思恩格斯全集：第 40 卷 [M]. 北京：人民出版社，1979.

［24］王勤．思想政治教育学新论［M］．杭州：浙江大学出版社，
2004.

［25］马克思恩格斯全集：第 42 卷［M］．北京：人民出版社，
1979.

［26］马克思恩格斯全集：第 3 卷［M］．北京：人民出版社，
2002.

［27］欧阳康．马克思主义认识论研究［M］．北京：北京师范大
学出版社，2012.

［28］马克思恩格斯文集：第 4 卷［M］．北京：人民出版社，
2009.

［29］马克思恩格斯文集：第 2 卷［M］．北京：人民出版社，2009.

［30］康德．历史理性批判文集［M］．何兆武，译．北京：商务印
书馆，2005.

［31］赵剑英，俞吾金．马克思的存在论思想［C］．北京：北京科
学文献出版社，2006.

［32］俞吾金．实践与自由［M］．武汉：武汉大学出版社，2010.

［33］马克思．资本论：第 3 卷［M］．北京：人民出版社，1975.

［34］列宁．怎么办？［M］．北京：人民出版社，1960.

［35］周锡瑞，李皓天．1943 中国在十字路口［M］．陈骁，译．北
京：社会科学文献出版社，2016.

［36］葛兰西．政论．葛兰西文选［G］．李鹏程，主编．北京：人
民出版社，2008.

［37］傅安洲，阮一帆，彭涛．德国政治教育研究［M］．北京：人
民出版社，2010.

［38］亚里士多德．政治学［M］．吴寿彭，译．北京：商务印书

馆，1965.

[39] 常永军，崔永学. 思想政治教育原理概论 [M]. 沈阳：辽宁大学出版社，2008.

[40] 毛泽东选集：第3卷 [M]. 北京：人民出版社，1991.

[41] 中共中央宣传部. 习近平总书记系列重要讲话读本 [Z]. 北京：学习出版社 人民出版社，2016.

[42] 陈秉公. 思想政治教育学基础理论研究 [M]. 长春：吉林大学出版社，2007.

[43] 段文灵. 论思想政治教育与"实践人学"思维 [M]. 北京：军事科学出版社，2012.

[44] 金林南. 思想政治教育学科范式的哲学沉思 [M]. 南京：江苏人民出版社，2013.

[45] 宋锡辉. 思想政治教育学元理论研究 [M]. 北京：中央编译出版社，2012.

[46] 马克思，恩格斯. 德意志意识形态（节选本）[M]. 北京：人民出版社，2003.

[47] 孙正聿. 马克思主义辩证法研究 [M]. 北京：北京师范大学出版社，2012.

[48] 刘娜. 科学实践观视域中的思想政治教育环境研究 [M]. 北京：中国社会科学出版社，2014.

[49] 曹祖明，李建德，吴照峰. 哲学视野下的思想政治教育 [M]. 西安：西北大学出版社，2012.

[50] 陈秉公. 思想政治教育学 [M]. 北京：高等教育出版社，2006.

[51] 邓小平文选：第2卷，第2版 [M]. 北京：人民出版社，1994.

[52] 刘少奇. 论共产党员的修养 [M]. 北京：解放社，1949.

［53］毛泽东. 新中国成立以来毛泽东文稿［M］. 北京：中央文献出版社，1996.

［54］邵启鼎. 从困惑到彻悟：对辩证法的深思和破解［M］. 北京：光明日报出版社，2013.

［55］马立诚. 当代中国八种社会思潮［M］. 北京：社会科学文献出版社，2012.

［56］柏拉图. 理想国［M］. 谢祖钧，译. 北京：中央编译出版社，2014.

［57］刘少奇选集：上卷［M］. 北京：人民出版社，1981.

［58］中宣部党建杂志社，红旗出版社编辑部. 信仰的力量［G］. 北京：红旗出版社，2011.

［59］靳希平. 十九世纪德国非主流哲学：现象学史前札记［M］. 北京：北京大学出版社，2004.

［60］毛泽东选集：第2卷［M］. 北京：人民出版社，1991.

［61］赵汀阳. 每个人的政治［M］. 北京：社会科学文献出版社，2014.

［62］龙凯. 思想政治工作原理［M］. 北京：中央编译出版社，2011.

［63］刘新庚. 现代思想政治教育方法论［M］. 北京：人民出版社，2006.

［64］毛泽东选集：第1卷［M］. 北京：人民出版社，1991.

［65］王树荫. 中国共产党思想政治教育史［M］. 北京：中国人民大学出版社，2011.

［66］王炎. 党内思想政治教育制度建设的历史进程与经验研究［M］. 北京：中央编译出版社，2016.

[67] 姜思毅. 中国人民解放军政治工作史（讲义）[M]. 北京：解放军政治学院出版社, 1984.

[68] 曾庆榴. 共产党人与黄埔军校 [M]. 广州：广州出版社, 2013.

[69] 曾宪林, 曾成贵, 江峡. 北伐战争史 [M]. 成都：四川人民出版社, 1991.

[70] 刘仲敬. 民国纪事本末 1911 - 1949 [M]. 桂林：广西师范大学出版社, 2013.

[71] 中共中央文献研究室. 周恩来军事文选：第 1 卷 [G]. 北京：人民出版社, 1997.

[72] 亓阵之. 土地革命如火如荼 [M]. 北京：北京出版集团公司, 2011.

[73] 张静如. 中国共产党通史：第 1 卷 [M]. 广州：广东人民出版社, 2002.

[74] 中共中央党史研究室. 中国共产党的九十年 [M]. 北京：中共党史出版社、党建读物出版社, 2016.

[75] 黄宏. 长征精神 [M]. 北京：人民出版社, 2006.

[76] 廖小琴. 人的精神生活质量研究 [M]. 南京：江苏人民出版社, 2009.

[77] 牛铭实, 米有录. 豆选 [M]. 北京：人民大学出版社, 2014.

[78] 岳南. 南渡被归：第二部北归 [M]. 长沙：湖南文艺出版社, 2015.

[79] 毛泽东选集：第 4 卷 [M]. 北京：人民出版社, 1991.

[80] 杨凤安. 我们见证真相——抗美援朝战争亲历者如是说

[M]．北京：解放军出版社，2009.

[81] 席宣，金春明．"文化大革命"简史 [M]．北京：中共党史出版社，1996.

[82] 张济顺．中国知识分子的美国观 [M]．上海：复旦大学出版社，1999.

[83] 毛泽东选集：第5卷 [M]．北京：人民出版社，1977.

[84] 李世涛．知识分子立场——民族主义与转型期中国的命运 [C]．长春：时代文艺出版社，1999.

[85] 席宣，金春明．"文化大革命"简史 [M]．北京：中共党史出版社，2005.

[86] 毛泽东文集：第7卷 [M]．北京：人民出版社，1999.

[87] 金春明．"文化大革命"史稿 [M]．成都：四川人民出版社，1995.

[88] 中共中央文献研究室．彻底否定"文化大革命"：关于建国以来党的若干历史问题的决议注释本选编 [G]．北京：人民出版社，1985.

[89] 何一成，杨湘川．中国共产党思想政治教育史 [M]．长沙：湖南大学出版社，2011.

[90] 任弼时选集 [M]．北京：人民出版社，1987.

[91] 盛跃明．思想政治教育转型论：现代性的观点 [M]．北京：人民出版社，2015.

[92] 刘建军．中国共产党思想政治教育的理论与实践 [M]．北京：中国人民大学出版社，2007.

[93] 侯敬智．军队思想政治工作学 [M]．北京：解放军出版社，2011.

[94] 沈壮海. 思想政治教育有效性研究 [M]. 武汉：武汉大学出版社，2016.

[96] 罗洪铁. 思想政治教育学专题研究 [M]. 重庆：西南师范大学出版社，1997.

[97] 邱柏生，董雅华. 思想政治教育学新论 [M]. 上海：复旦大学出版社，2012.

[98] 陈秉公. 21世纪思想政治教育工作创新理论体系 [M]. 长春：吉林教育出版社，2000.

[99] 陈蕾. 中国发展道路的意识形态审视 [M]. 北京：时事出版社，2012.

[100] 陈由之. 内乱与抗争 [M]. 北京：北京出版集团公司 北京人民出版社，2011.

[101] 翁定军，马磊，马艳凤. 社会生活、社会态度和观念意识 [M]. 桂林：广西师范大学出版社，2015.

期刊类：

[1] 邹诗鹏. 何以要回到历史唯物主义研究范式？ [J]. 哲学研究，2010（1）.

[2] 韩庆祥. 习近平以人民为中心的政治经济学说 [J]. 人民论坛，2016（1）.

[3] 黄政. 以实践唯物主义夯实思想政治教育的理论基础 [J]. 重庆工学院学报（社会科学）2008：22（8）.

[4] 白显良. 论在思想政治教育中坚持马克思主义立场、观点和方法 [J]. 思想教育研究，2014（02）.

[5] 沈壮海. 构建新形态的《思想政治教育学原理》[J]. 学校党

建与思想教育，2010（9）．

[6] 李坤，王秀阁．科学实践观何以可能——谈思想政治教育研究范式的转换 [J]．思想教育研究，2012（2）．

[7] 李月玲，王秀阁．科学实践观视域下思想政治教育本质论析 [J]．学校党建与思想教育，2012（11）．

[8] 俞吾金．论实践维度的优先性——马克思实践哲学新探 [J]．现代哲学，2011（6）．

[9] 王升臻，李俊奎．广义政治视野下的思想政治教育历史起点研究 [J]．湖北社会科学，2012（9）．

[10] 骆郁廷．自发与自觉：思想政治教育的重要范畴 [J]．思想教育研究，2007（5）．

[11] 张耀灿，刘伟．思想政治教育主体间性含义初探 [J]．学校党建与思想教育，2006（12）．

[12] 曹洪军．对主体间性思想政治教育的审思 [J]．理论导刊，2015（3）．

[13] 张学亮，王永友．意识形态安全的供给侧改革的实践逻辑 [J]．理论导刊．2016（07）．

[14] 杨芳．论主体间性理论在思想政治教育中的作用 [J]．湖北社会科学，2008（2）．

[15] 王俊拴．略论思想政治教育主体定位的基本逻辑 [J]．江汉论坛，2008（4）．

[16] 徐志远，黄海波，思想政治教育的基本矛盾：现代思想政治教育学的重要范畴 [J]．江西行政学院学报，2011，13（1）．

[17] 王芳明．思想政治教育基本矛盾的"人学"探寻 [J]．思想政治教育研究，2004（3）．

[18] 赵勇, 王金情. 思想政治教育的逻辑起点新探 [J]. 思想政治教育研究. 2010, 26 (5).

[19] 吴林龙, 王立仁. 论思想政治教育基本矛盾展开形态 [J]. 学校党建与思想教育, 2012.

[20] 卢景昆, 关于思想政治教育本质的再思考——基于对思想政治教育基本矛盾的反思 [J]. 探索, 2012 (2).

[21] 李合亮. 思想政治教育基本矛盾探析 [J]. 思想教育研究, 2015 (4).

[22] 金林南. 政治的教育与教育的政治 [J]. 南京政治学院学报, 2008, 24 (2).

[23] 刘兴章. 从费尔巴哈到马克思——看"感性存在论"的确立历程 [J]. 吉首大学学报 (社会科学版), 2006, 27 (5).

[24] 周文文. 超越近代"理性"的走向: 马克思的"感性意识" [J]. 人文杂志, 2002 (5).

[25] 孙正聿. 怎样理解马克思的哲学革命 [J]. 吉林大学社会科学学报, 2005, 45 (3).

[26] 高放. 特型社会主义政党俄国布尔什维克党异军突起 [J]. 中国延安干部学院学报, 2015, 8 (2).

[27] 卢毅. 延安审干运动中的国民党因素 [J]. 党的文献, 2012 (2): 83.

[28] 俞吾金. 作为全面生产理论的马克思哲学 [J]. 哲学研究, 2003 (8).

[29] 李忠军, 牟霖. 思想政治教育本质认知理路探析 [J]. 思想理论教育, 2012 (7) 上.

[30] 景中强. 马克思精神生产理论被忽视的主要原因探析 [J].

中州学刊，2006（6）.

[31] 马俊峰. 价值论研究对当代马克思主义哲学发展的意义[J]. 马克思主义与现实，2014（1）.

[32] 俞吾金. 马克思主体概念新论[J]. 江苏社会科学，2006（5）5.

[33] 李辉. 论思想政治教育的基础性理论难题[J]. 思想教育研究，2013（11）.

[34] 宁全荣. 历史唯物主义视阈中当代社会的精神生产[J]. 教育文化论坛，2012（4）.

[35] 孙其昂. 党的思想政治教育的实质是政治教育[J]. 南京林业大学学报，2001，1（2）.

[36] 骆郁廷，杨威. 论思想政治教育的认识根源[J]. 江汉论坛，2009.12.

[37] 傅琳凯，王柏棣. 论儒家自我修养方法的层次性[J]. 东北师大学报（哲学社会科学版），2016（1）1.

[38] 杨川. 儒家修身理念及其对当代思想政治教育的借鉴意义[J]. 教育教学论坛，2011（6）.

[39] 袁张帆，黄瑞雄. 当代思想政治教育发展新趋势：科学与人文的融合[J]. 江西社会科学，2010.

[40] 马运军. 论思想政治教育的情理交融原则[J]. 学术论坛，2001（6）.

[41] 张筱容. 网络思想政治教育研究的三个阶段及特点[J]. 高校辅导员学刊，2016（4）.

[42] 仝华. 中国第一次工人运动高潮的"最后的怒涛"——纪念"二七"大罢工90周年[J]. 党史文汇，2013（7）.

[43] 项久雨，胡庆有．论党的一大对思想政治教育的开创性探索 [J]．思想政治教育研究，2015（6）．

[44] 张雪峰，陈稳．北伐战争期间中国共产党在国民军的思想政治教育工作 [J]．科教文汇，2006（12）下．

[45] 张泽强，王杨杨．抗战初期毛泽东对提高全党理论自觉的认识和思考 [J]．党史博采，2012（9）．

[46] 庄紫园．作为思想政治教育创新范例的延安整风运动 [J]．学海，2011（5）．

[47] 殷啸虎．中共早期统一战线理论的形成与发展 [J]．中国延安干部学院学报，2012（4）．

[48] 孙正聿，毛泽东的"实践智慧"的辩证法——重读《矛盾论》《实践论》[J]．哲学研究，2015（3）．

[49] 岳云强，张运菊．解放战争时期党的思想政治教育工作 [J]．广西社会科学，2008（12）．

[50] 季春芳，伍小明．新式整军运动及其启示 [J]．黑龙江史志，2009（08）．

[51] 褚凤英．抗美援朝运动中的思想政治工作初探 [J]．中共济南市委党校学报，2001（3）．

[52] 靳道亮．抗美援朝与新中国成立初期知识分子的教育改造 [J]．广西师范大学学报，2016（8）．

[53] 俞歌春．1949 - 1956 年中国共产党思想政治教育史的演进与启示 [J]．党史研究与教学，2009（5）．

[54] 红旗特约评论员．实事求是的新胜利 [J]．红旗，1976（2）．

[55] 王秀阁．论思想政治教育研究取向的问题——马克思主义实践观视角 [J]．马克思主义研究，2015（5）．

[56] 代玉启. 新时期思想政治教育内容与方法面临的挑战与发展要求 [J]. 思想教育研究, 2015 (12).

[57] 金海斌. 新形势下社会主义意识形态工作原则思考 [J]. 人民论坛, 2014 (12) 中.

[58] 赵金广, 彭东立. 马克思主义意识形态引领多样化社会思潮方法途径的多维思考 [J]. 河北师范大学学报 (哲学社会科学版), 2012 (3).

[59] 李庆华, 李玉英. 论民国时期 (1924 - 1949) 国民党三民主义意识形态的缺陷 [J]. 山东青年政治学院学报, 2011 (1) 1.

[60] 刘恩东. 新媒体意识形态对外传播运行机制与美国对华民主输出 [J]. 上海行政学院学报, 2016, 17 (5).

[61] 黄正泉, 王建. 人文关怀: 思想政治教育之魂 [J]. 现代大学教育, 2007 (3).

[62] 冯凡彦. 人心价值秩序: 思想政治教育的本体之维 [J]. 思想政治教育, 2008 (9).

[63] 杨威. 思想政治教育: 提升国家治理能力和国民素养的重要途径 [J]. 思想教育研究, 2015 (12).

[64] 黄明理. 论习近平关于理想信念思想的创新 [J]. 江海学刊, 2015 (2).

[65] 曾令辉, 朱燕. 2013 年全国思想政治教育学术研讨会综述 [J]. 马克思主义研究, 2013 (11).

[66] 刘书林. 以唯物辩证法统领思想政治教育研究的深化——从习近平总书记8.19重要讲话看思想政治教育研究的发展 [J]. 思想政治教育研究论丛: 第三辑 [C]. 2013 - 10 - 26.

[67] 刘书林. 2013 历史虚无主义 "装扮" 特点 [J]. 人民论坛,

2014 (2) 上.

[68] 王长红. 叶适易学哲学体系管窥 [J]. 东岳论丛, 2012 (6) .

[69] 周广友, 王夫之"道器合一论"中的形而上学 [J]. 云南大学学报, 2016, 15 (3) .

[70] 叶方兴. 政治性·抑或意识形态性——思想政治教育本质的理论辩明 [J]. 求实, 2010 (10) .

[71] 王增杰. 深刻理解以人民为中心的发展思想 [J]. 人民论坛, 2016 (4) 中.

[72] 李志平. 作为意义的世界及其整体再生产: 对马克思全面生产理论的一个新理解 [J]. 湖州师范学院学报, 2016, 38 (5) .

[73] 刘向荣. 供给侧结构性改革的马克思主义政治经济学分析 [J]. 岭南学刊, 2016 (2) .

报纸网站类:

[1] 倪光辉. 习近平在全国宣传思想工作会议上强调胸怀大局把握大势着眼大事 努力把宣传思想工作做得更好 [N]. 人民日报, 2013 -8 -21.

[2] 邓艳葵. 对思想政治教育本质的认识 [N]. 光明日报, 2010 -7 -14.

[3] 吴晓明. 复兴取决于精神 - 文化的开拓性建设 [N]. 社会科学报, 2014 -7 -31.

[4] 中国互联网络信息中心. 中国互联网络发展状况统计报告 [R]. 2016 -1 -23.

[5] 习近平. 在纪念红军长征胜利80周年大会上的讲话 [N]. 人民日报, 2016 -10 -22.

［6］王德峰．马克思的资本批判学说与当代中国［N］．中国社会科学报，2011 – 9 – 27.

［7］人民网．

［8］习近平．在十八届中共中央政治局常委同中外记者见面时的讲话［N］．人民日报，2012 – 11 – 16.

［9］孙存良，祁一平，贺霞．深刻理解坚持以人民为中心的发展思想［N］．光明日报，2015 – 12 – 27.

［10］侍旭．高校思政教育也应有"供给侧改革"思维［N］．光明日报，2016 – 3 – 16.

学位论文类：

［1］杨杰．马克思的感性概念［D］．复旦大学博士论文，2013.

［2］林岩．马克思精神生产理论研究［D］．山东大学博士论文，2015.

［3］王英志．人的虚拟生存方式与网络思想政治教育［D］．东北师范大学博士论文，2015.

文件及资料汇编：

［1］《中共中央文件选集》第 14 册

［2］习近平关于培养"四有"新一代革命军人重要论述摘编［G］．北京：解放军出版社，2015.

［3］首都高等学校反右派斗争的巨大胜利［G］．北京：北京出版社，1957.

［4］中共中央文献研究室．彻底否定"文化大革命"：关于建国以来党的若干历史问题的决议注释本选编［G］．北京：人民出版

社，1985.

［5］十七大报告辅导读本［G］. 北京：人民出版社，2007.

［6］《中共中央军委扩大会议关于加强军队政治思想工作的决议》，1960.

［7］《关于改革开放和发展社会主义市场经济条件下军队思想政治建设若干问题的决定》，1999.

［8］《中共中央关于加强和改进思想政治工作的若干意见》，1999.

［9］《中共中央关于国民军中工作方针的决议》，1926.

［10］《中国共产党第一次全国代表大会决议》，1921.

［11］中共湖南省委通告（第二号），1928.

［12］《中共中央关于建国以来党的若干历史问题的决议》，1981.

［13］中国共产党历史资料丛书——井冈山革命根据地：上册［G］. 北京：中共党史资料出版社，1987.